Nara University
奈良大ブックレット
06

生きることの人間論

伊藤一彦　丸田 健　島本太香子　市川良哉

ナカニシヤ出版

写真１　若山牧水の歌碑（宮崎県日向市・旭化成日向事務所前）「白鳥は哀しからずや空の青海のあをにも染まずただよふ」と彫られている。

写真２　手仕事のモノの典型例　自然素材を使って、手で作られた、伝統的な生活道具たち（古いもの、新しいもの）。

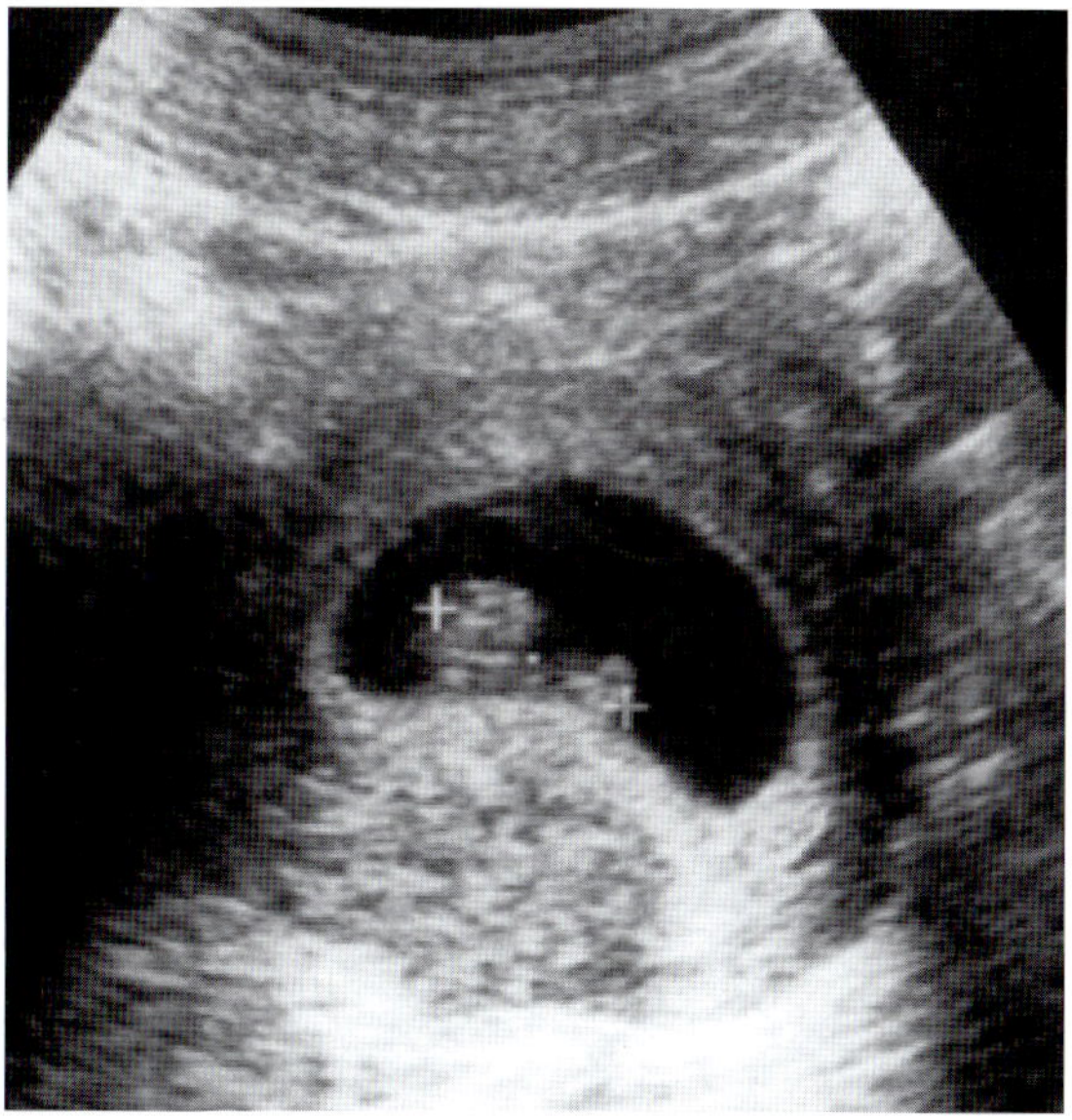

写真３　妊娠8週の胎児　頭臀長（胎児の頭から臀部までの長さ）2cm、胎児の心拍が確認される。

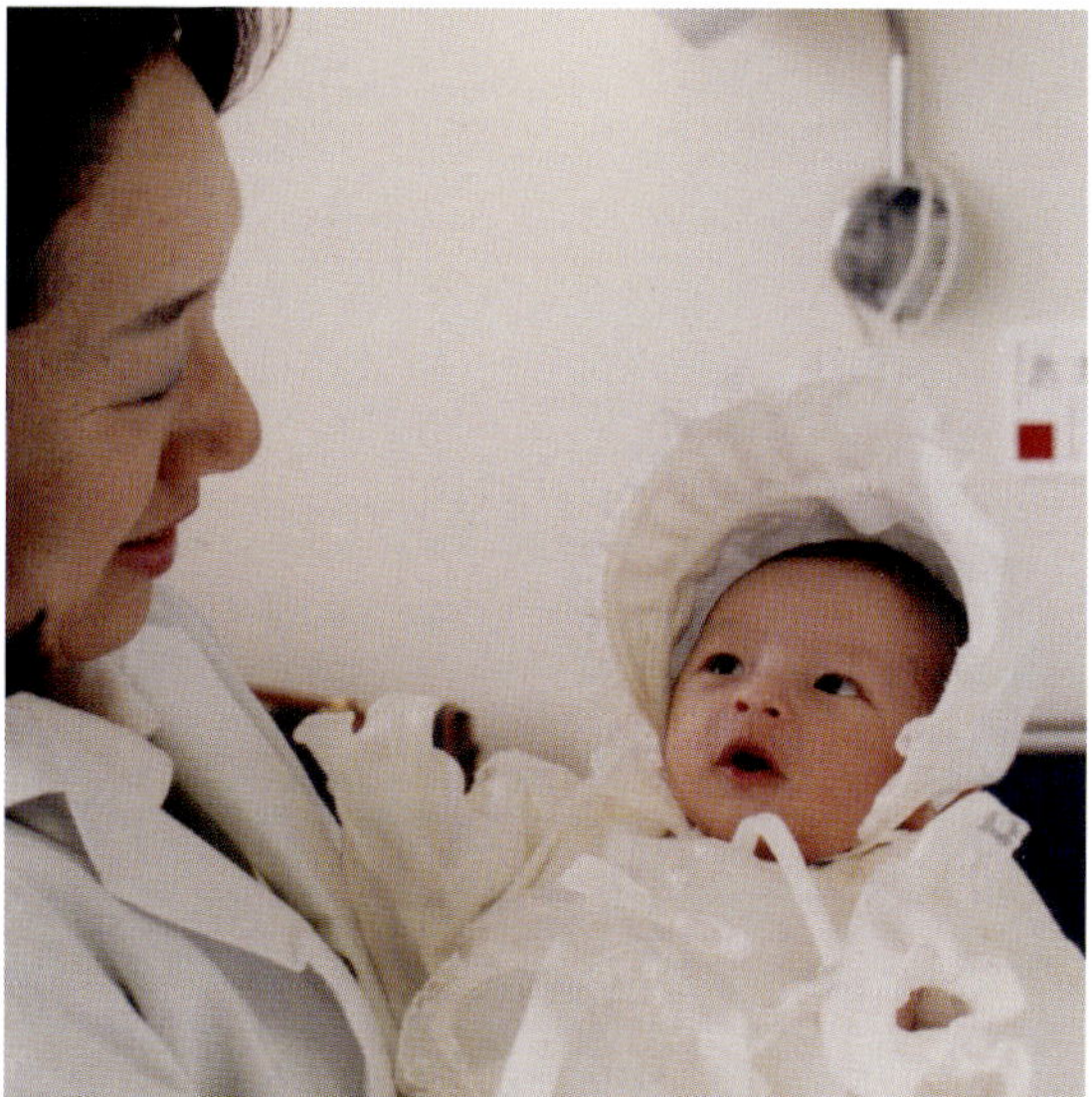

写真４　胎児は新生児に　胎児は出生後、自力で呼吸を開始、新生児となる。

写真５　法然上人像（鏡の御影）　法然（1133-1212年）は修業した比叡山を降り、浄土宗を開いた。

写真６　親鸞聖人像（熊皮御影）　親鸞（1173-1262年）は法然に師事し、後に浄土真宗を開いた。

もくじ

はじめに――生きることの人間論

著者一同

「生きる」とは、どういうことだろうか。現代は、激しい変化の華々しさに目を奪われ、生きることの基本を顧みる余裕がない時代かもしれない。

しかしたとえかたちが変わっても、人間が誕生し、生活し、やがて死ぬという道筋そのものは変わらない。さらに人は、他者や自然、また自分自身と関わりながら生き、かつ希望や悩みを抱えて生きる、ということにも変わりがない。そういった人間の基本的な生の諸側面を、大学の教養教育において見つめ考えることは、学生たちにとって専門教育での研究の基盤となるだけでなく、自らの人間形成のうえで不可欠なことと思われる。

この小冊子には、異なる領域で仕事をする論者が、「人間が生きる」ことを論じた四つの章がある。人間はただ在るだけでなく、右にも述べたように「生きて」あるものであり、その基本部分から人間を論じた論考集――という意味でタイトルを付けた。歌人・短歌文学研究者である伊藤は、古今の歌を通じて、人間のいのちのありようを浮かび上がらせようとする。丸田は哲学が専門で、人が生活するために使用するモノの観点から人間の存在を見ようとする。島本は医師であり、生命科学の観点から人間の生命を論じている。市川は宗教学を背景に、仏教思想の観点から生死《しょうじ》の問題を論じた。

たとえばコーヒーカップのような、視野に収まる手頃な対象であれば、それを正面や上下左右といったいくつかの異なる角度から報告すれば、その全体を把握できる。ところが人の生はコーヒーカップと異なり、一目で見渡すのが難しい広がりを持つものである。いわば四つの章は、諺《ことわざ》にもある大きな象の部分を各々の仕方で撫でているわけで、四つを合わせても人の生の全体が隙間なく浮かぶわけではない。しかし四つは、大きな対象の要所に触れようとする意図において結束しており、一つの冊子となることで、生きるとはどういうことかを読者が考えることを促す刺激になれるだろうと思う。

四つの章にある生への異なる視線から、「生きること」さらには「いかに生きるか」について、読者それぞれの考えが深まればよいと思う。また若い人だけでなく、本書のテーマに関心がある方が本書をご覧になり、人の生のあり方について一緒に考える足掛かりにしていただけることがもしあれば、たいへん嬉しいことである。

第1章 いのちの歌

伊藤《いとう》 一彦《かずひこ》

一 私の体験

本章では最初に少し自分の話をして、それから本書のテーマの「生きる」ということを「いのち」と結びつけて、私の専門である短歌を紹介したい。

哲学との出会い

皆さんの高校時代はどんなだっただろう? 私は高校時代には人並みに、あるいは人並み以上に思い悩んだのでないかと思う。家が薬局で自分は長男だから、高校に入ったら化学部に入って、将来は薬学部に行って、薬屋の跡を継ごうと思っていたが、高校二年の秋ぐらいから、人間とは何か、自分とは一体どんな人間なのか、ということが気になりだした。

高校では結局、新聞部に入部した。一年生の後半に入ったのだが、二年生になったらもう部長になってしまった。選ばれたからには、私がまとめていかなくてはいけない。でも部内にはいろんな人間関係のトラブルもあるわけだ。何で部長など引き受けたのだろう、などと思う。自分と部員とのあいだがうまくいかないように思えたりもして、すごく悩んだ。

悩みというのは、最後は自分自身という悩みに行きつく。私は、こんな人間関係に悩んでいる自分が結局だめなのでないかと思うようになった。悩み自体は、人間にとってすごく大事なものだ。でもその悩みが自己否定感になってしまうと、すごくつらい。

その頃、大江健三郎の小説を読んでいた。彼の小説に『個人的な体験』というのがある。妻が障害のある子どもを身籠って悩む主人公、そしてその妻の物語だ。

主人公が葛藤する。――自分が悩んでいる悩みは、意味がある悩みだろうか。自分はいわば、暗い穴ぼこを掘り進んでいる。掘り進むことに意味があるなら一生懸命掘り進む。でも何で掘っているのかわからない。掘り進んで、いつか明るいところに出るという保証もない。そんな個人的な穴掘りの体験を、自分はずっと繰り返しているような気がする――という、そんな葛藤が書いてある。

その部分がすごく心に残って、自分もまったく意味のない悩みを悩んでいるのではないかとか、そんなことをいろいろと考えていたことを、ありありと覚えている。それで私は、文学や哲学の本をよくわからないままに読んで、結局薬学部はやめて文学部の哲学科の西洋哲学の専攻に行った。そこに行けば人間とはどんな存在で、自分がどんな人間かわかるのでないかと思った。

ところが、いざ行ってみると哲学というものは、自分が甘く考えていたものと違い、自分は哲学に向かないのではないかと思い出した。これはまた新たな悩みだ。哲学こそ自分の救いになるのでないかと思っていたのに、その哲学が自分にとって歯が立たないし、自分の考えていた哲学と違うということになって、一年のときにはもう哲学科をやめようかと思った。

一浪して、それこそ京都か奈良の、東京でないところの大学に行こうと思っていたら先輩が、「ともかく一年の終わりまでいろ、それでもやめたかったらやめたらいいじゃないか」と言ってくれた。私は、一年の九月くらいにはやめようと思っていたが、結局一年の最後まで来たら、まあいいかと思うようになり、そのまま哲学科を卒業した。でも向かないと思っていた哲学を四年間勉強して、今は本当によかったと思っている。

哲学科にいてわかったことの一つは、自分は人間とは何か、自分はどう生きたらいいか、その答えを求めるために哲学科に行ったのだが、実はそういう問いへの答えを、焦って求めている自分が問題だったのだ、ということであった。

世の中の人というのはみんな、どう生きたらいいかわからないまま生きている。それを私は、自分だけが答えを一生懸命求めて生きていると思い込んでいた。焦って答えを求めている自分が問題だったのだとわかったら、少し気持ちが楽になった。

自分が安心して生きるための何かちゃんとした土台が欲しい、と思っていた。それは、結局自分の心の弱さから来ていたのだろう。人はいつも信念を持って毎日生きられるわけではない。でも自分は、まさにそういう幻想の土台を求めていた。そんなふうに、自分の弱さに気づかされ、納得を得られたのだから、やっぱり哲学を学んだことには価値があったと思う。

カウンセリングとの出会い

私は大学のとき二つのサークルに入っていた。一つはカウンセリングのサークルだった。私の大学は学生数が多かったので、五月病の学生もすごく多かった。そういう後輩のために、先輩学生がカウンセリングをしようというので、いまのスチューデントカウンセラーのようなサークルに入った。そのサークルには、心理学の学生もいたが、私のように哲学科の学生とか理系の学生もいて、みんなで読書会をやったり、臨床心理士の人から話を聞いたりしていた。それが私とカウンセリングとの出会いだった。

のちに宮崎に帰って、高校の教職に就いたが、そこで十数年仕事をしているうちに、高校にカウンセリング専門の教員を置く仕組みができた。私は、そのカウンセリング専門の教員に選ばれて、現場の高校で十二、三年務めた。それから県の教育相談機関でカウンセリングの仕事をしたり、県立看護大学で医療を志す学生にカウンセリングの授業をしたりして、二十数年、カウンセリングに関わってきた。

私はその経験のなかで、やはり聴くことがいかに大切か、ということを思うに至った。カウンセリングには学説、理論、流派がさまざまあるけれども、どの立場でも、目の前にいる人、つまりクライエントの話をしっかり聴こうとする。話の奥にある心を聴くことが基本である。

日本語の「きく」という言葉は不思議だ。相手が言葉を語ってこちらがそれを受け取るのも「きく」だし、何かを尋ねるため、逆にこちらから相手に言葉をかけるのも「きく」である。このような、ある意味では相反する働きを持っている日本語はめずらしい。

カウンセリングで相手の話を聴くのは、相手を理解するためである。カウンセリングの一番の基本は、相手の心を自分はわかっていない、理解していないという立場をどれだけ貫くかである。相手の心はこうだ、この人はこういう人間だ、と決めつけたら、もうそこでカウンセリングは終わりである。

カウンセリングでは、耳を傾けて聴くことも、尋ねることもする。ただしカウンセリングの質問は、普通の質問と違う。普通の質問はこちらが知りたいことを知るために聴く。でもカウンセリングの場合は相手が言いたいことを聴く。いま、相手はこんなことを言いたいのでないか、という心を理解して、そして質問する。すると、そう、先生、よく尋ねてくれた、となる。相手の心を理解していればこそ、適切に聴くことができるのである。

大和言葉の「きく」という言葉は、普通は「聞く」。これは聞こえるとも使える。自ずから聞こえる。いつのまにか聞こえているという、きこうと思わないでもきこえるときは、「聞く」であって、きこうと思ってきくのが「聴く」である。聞くと聴くは、英語で言うなら hear と listen to だといえる。カウンセリングでは、後者が特に大切ということだ。

「きく」にはそれ以外に、薬が効くというときの、効果の「効く」もある。つまり相手の話を聴くことで、相手に効果を与える。これは「利く」とも書ける。日本語の「きく」という言葉は、漢字をいくつも割り当てられて、人間関係の基本になる。本書のいのちというテーマで言えば、お互いの心を聴きあうことがいのちのつながりなのだと、私は思う。

短歌会との出会い

私はもう一つ、大学のサークルで短歌会に入った。何かに悩むと表現したくなる。これはいのちの基本である。表現は、「表に現わす」と書くが、心というのは、感情が溜まってくると、キャパシティを越え、こらえられなくなる。特に悩み、つらいこと、悲しいことは、心が耐え切れずに表に現わそうとする。それが芸術になることが多い。

私も思い悩むことがあり、何か書きたかった。あるきっかけで短歌を始めて、今日までずっと作り続けてきたわけだが、何が一番魅力かというと、五七五七七の形式がいい。というのも、この形式は一三〇〇年も変わっていないものだから。いま、短歌と俳句を世界文化遺産にしようという運動が始まっている。和歌が一三〇〇年続いてきたその途中で、俳句が生まれた。文化の歴史を見ると、新しい形式が生まれると前の形式は廃れるというケースが多いが、短歌の場合、それはそのまま継続しつつ、俳句は俳句で発展していった。現在、全国紙の新聞は、短歌・俳句欄を一ページ作っているが、新聞がこんなことをするのは日本だけだ。海外の人は、日本人は誰もが詩人なのかと驚く。確かに『万葉集』の時代、天皇から庶民まで、あらゆる人が歌を詠んだわけだから、これはすごい文化である。そしてそれが平成の今日まで続いている。日本人は心の表現、いのちの表現として歌を選んできたのだ。

私は早稲田短歌会に入った。そこに佐佐木幸綱《ゆきつな》さんという素晴らしい先輩がいた。幸綱さんの祖父が佐佐木信綱《のぶつな》である。今日、『万葉集』を読める形にしたのは佐佐木信綱先生の功績である。『万葉集』の原本はなく、写本がいっぱいあったのだが、その写本の異同を調べて、『万葉集』を読める形にした恩人の一人が、彼なのである。その孫が早稲田の短歌会の先輩にいて、「心の花」という結社、雑誌を作っていた。私はそこに入って活動を続けた。学生時代に、短歌のサークルとカウンセリングの二つのサークルに入ったことが、その後の自分の人生で決定的な影響を受けたことだと思う。

二　いのちの歌

本題に入るが、まず「いのち」という言葉から、皆さんはどんな印象を受けるだろうか。重たい、大切な、厳かなものというような感じだろうか。

大野晋《すすむ》という、日本語研究のいわば第一人者が、その知識を一冊に注いだ『古典基礎語辞典』という辞典がある。私はことあるごとに、この辞典を調べる。それには、「いのち」についてはこう書いてある。「イ」というのは息の意味だと。それは「生きる」という言葉とも関わっている。元々は一緒である「息」、「生きる」の「イ」の字が、「いのち」の「イ」だと大野は書いている。

「いのち」の「ノ」は助詞。「チ」は何かというと、特別のスピリチュアルな存在がチだと大野は書いている。たとえばヤマタノオロチの「チ」がそうである。オロチはスピリチュアルな力を持った大蛇だ。それから雷のことをイカズチという。イカズチの「チ」も、そういう霊的な存在のチなのだと書いている。つまり「いのち」は一種の霊力を表わし、それは自然物の持っている「息の力」の意味だろうという。人間や一般の生き物の生きる根源となっている力、それがいのちだという。

そしてさらに、『万葉集』研究の第一人者である中西進の『日本語のふしぎ』という、とても面白い本がある。どんなことが書いてあるかというと、たとえば「はな」という言葉。フラワーのハナもあれば、顔の上にもハナがある。それから岬の先端もハナという。日本人は「はな」という言葉で、「出ていると ころ」を表わしてきた。枝の先に出ているのが花。顔の上に出ているのは鼻。それから岬の先も端《はな》。つまり日本の言葉、大和言葉の「はな」という言葉は出ているところを言うもので、flower も nose も全部意味した。シンプルな大和言葉で、多様な意味を表わしたということを書いている。そのなかで書かれているが、イが言葉の先に来る言葉には、先ほどの「息」、「生きる」、「いのち」のほかに、「祈る」、「忌む」、「厭《いと》う」、「斎《いつ》く」というものがある。「斎く」という言葉は神様を祀ったりするときに使う。かなり精神性と関わる言葉の先端に来るのが「イ」という言葉である。そうすると、何気なく使っている「いのち」という言葉は、実に深い言葉として見えてくる。こういう深みのあるさまざまな言葉を繊細に使いながら、日本人はいのちというものを表わそうと、古くは和歌、いまでは短歌を、ずっと歌ってきたわけである。

三　古代の「いのちの歌」

日本最初の恋の歌

今日は、いのちの歌ということで、全部触れられないかもしれないが、たくさんの歌を選んだ。いのちについて考えていただくのにいいかと思う歌である。

① 赤玉は緒《を》さへ光れど白玉の君が装《よそひ》し貴くありけり（トヨタマビメ『古事記』）
　沖つ島鴨著《ど》く島に我が率寝《いね》し妹《いも》は忘れじ世のことごとに（ヒコホホデミノミコト『古事記』）

最初は、『古事記』に出てくるトヨタマビメと、ヒコホホデミノミコトすなわち山幸彦《やまさちひこ》の歌である。弟の山幸彦が兄の海幸彦《うみさちひこ》と仕事を取り替えたのだが、山幸彦が兄の釣り針をなくしてしまう。兄に代わりの釣り針を渡すが、海幸彦がそれを受け取らないので困っていたら、シオツチノオジという老神が現われて、山幸彦を海の底のワタツミノ国へ連れて行ってくれる。そこで出会ったのがトヨタマビメだ。三年くらい一緒に暮らしたが、いつまでもいるわけにいかず、山幸彦は地上に帰ってくる。そのときにトヨタマビメは山幸彦とのあいだに子どもを宿していた。神様の子どもを海の底で産むことはできず、トヨタマビメは地上へ上がってくる。

トヨタマビメは出産するとき、元のワニの姿に戻って産んだ。でも見られてはいけないその姿を見られたので、海の底に帰ってしまう（ワニとは、ここでは鱶《ふか》のことである。鱶はトヨタマビメの子孫になるので、神話の地元である青島とか鵜戸《うど》の人びとは今でも鱶を食べない。神話が土地に生きている）。

自分がワニの姿にかえって産むところを見られたのでトヨタマビメは海の底に帰ったけれども、夫が恋しい。ここで贈り合った歌が①に挙げた二首である。『古事記』にはスサノオノミコトの「八雲立つ出雲八重垣……」という、あの有名な歌が最初に出てくるが、その後に出てくる歌がこの歌で、これは女と男が詠み交わした歌のなかで、日本最初のものである。赤い玉の首飾りの糸まで光っているけれども、白玉のようなあなたのほうがはるかに貴い、という歌である。

この歌で重要なのは「たま」という言葉だ。これも大和言葉の「たま」である。この玉は霊魂の魂《たま》と同じ語源を持つと言われている。日本人はだいたい魂は丸い形で考えていたのではないだろうか。海の丸い形の貝などをすごく尊重したのは、どこか遠い国からやってきた玉でないか、という気持ちで貝を拾ったからかもしれない。いずれにしてもこれは、赤い玉の首飾りがとっても美しいけれども、白玉のような君にはとても及ばない、という褒め言葉としての白玉である。

それに対して山幸彦が、海のかなたのトヨタマビメに「沖つ鳥……」の歌を返した。「沖つ鳥」というのは、「鴨著く島」にかかる枕詞《まくらことば》で、鴨著く島とは、沖の島である鴨が居着いている島のこと。私が共に寝たあなたのことは忘れない、ずっと忘れないという歌である。

歌を返す、このやり取りをするのが、歌の一つのあり方である。和歌の「和」は、中国の漢詩との対比を表わすと同時に、心と心、いのちといのちを和するもの、という意味でもある。和するの「わ」があると同時に、輪も「わ」である。ワというのはつなぐものという意味であろう。それで、この歌がある。

何にしてもこれは恋の歌である。いのちを考えるときに、恋はやはりいのちのクライマックスだ。『古事記』は、イザナギ・イザナミノミコトが出会い、多くの子を産んだイザナミが火の神を産んで死に、黄泉の国に行った妻をイザナギが迎えに行くところから展開していく。そこにも、二人が恋をして子孫を作るというテーマがある。恋においてこそ、人は一番いのちを実感する。あの百人一首には、恋の歌が四割以上ある。

「いのち」という言葉を使った歌は四首あるが、それらはみな恋の歌である。恋をするとき、人は極限状況に立たされる。そのときにはやはりいのちを意識する。だから恋というのは若い人にとっては特に、いのちと直結するもの。あの人と結ばれない、私は何のために生きているのだろうか。何かこういう思いを持つ。

祈りの歌

②　天の原振り放《さ》け見れば大君の御寿《みいのち》は長く天足《あまた》らしたり（倭大后『万葉集』）

②は、倭大后《やまとのおおきさき》（生没年不詳、天智天皇の皇后）のものだが、これは天智天皇が重い病気になったときに歌われた歌だ。これもやっぱり二句と四句で切れる。二句と四句で切る歌は今日では難しい。二度切れると、特に四句で切れた後の結句が非常に重要になる。

「天の原」というのは、広い空。「原」とは広いところだから、「天の原」を「振り放け見れば」というのは、振り返ると同時に、空のあちこちを眺めていることになる。広く大きな空をあちこち眺めていると、そこに「大君の御寿は長く天足らしたり」。天足らしているというのは、生命力が満ち満ちているという意味である。天皇が病気のときに、「御寿は長く天足らしたり」。ポイントの一つは、これは病気が重いときに、病気が治るように、御寿が長くあるように、と願う歌でなくて、「御寿は長く天足らしたり」と断言している点だ。天皇の御寿は健やかに生命力に満ち満ちているのだという言霊——言葉の力——で病を治そうとしているのである。御寿が長くあれという願望でなく、断言で言うところに、私はこの時代の言霊信仰を感じる。

「人間とは何か」ということを考えるとき絶対欠かせないのは、人間は言葉を持った存在である、という見方である。そしてもう一つ注目してほしいのは、人間は言葉に魂を籠めるということだ。この歌では、万葉仮名で、いのちに「寿」という字が使ってある。いのちとはまさに、ことほぐもの、めでたいもの、大切なもの、厳かなものだ。この時代、まだ日本の文字がない時代であるから、万葉仮名でいろんな文字を当てた。いのちには他の字も当てる例もあるが、この場合は「寿」という字が当ててある。そこに籠められた思いが想像できる。

③　家にてもたゆたふ命波の上に浮きてし居れば奥処《おくか》知らずも（作者未詳）

これも祈りの歌である。祈るの「イ」は、先ほども述べたように、いのちの「イ」につながる。私たちのいのちはいつも危機に立たされる。特に万葉時代の人のいのちは、頻繁に病気や災害、危機に立たされた。そのときにできることは祈りである。人間の定義の一つとして、人間は祈る存在だということが言えるかもしれない。

これは大伴旅人《おおとものたびと》が大宰府《だざいふ》の長官に赴任し、そこから帰るときの、従者の歌である。家で暮らしていても、私たちのいのちというのは、常に危機に満ちている。ましていま、船で航海上を旅しているときには、自分たちのいのちは危なく、はかない。でも「奥処知らずも」と、この先どうなるかわからないという不安を言葉で表現することで、心を鎮め、祈ろうとしているわけである。

私たちは単に言葉だけの言い方をするけれども、昔の人は言霊《ことだま》を信じていた。皆さんも、お祈りするときには言葉で言うだろう。やはり言葉で言わなくては、祈りにならない。そういう言霊を感じる『万葉集』の歌を、二首を紹介した。

四　中世の「いのちの歌」

自分のいのちに気づく

④　年たけて又こゆべしと思ひきや命なりけりさやの中山（西行『新古今集』）

ねがはくは花の下にて春死なむそのきさらぎの望月の頃（西行『山家集』）

西行《さいぎょう》(一一一八－一一九〇年)は平安末期から鎌倉初頭を生きた、日本を代表する歌人である。有名な二首だが、まず一首目の「さやの中山」とは、静岡県の難所である。若いときに一度通って、七十歳近くでまた、さやの中山という難所を越えている。年がいってまたここを越えるなどと、若いとき思っただろうか。というのが、「年たけて又こゆべしと思ひきや」という言葉である。

その次の「命なりけり」というのはすごい言葉である。普通私たちが考えると「年たけて又こゆべしと思ひきや命ありけりさやの中山」とするところかもしれない。しかしそれだと、「若いときは、まさか、ここを年がいって越えるとは思わなかった。でもいま、年がいっても越えることができる、命があったからだ」ということになり、それは、「寿命がありました」という散文的な説明でしかない。

だが「命ありけり」でなくて「命なりけり」なのである。「命がある」ではなく「命である」。さらに「命なりけり」の「けり」は詠嘆・感動で、改めて自分のいのちに気がついたという、感慨がそこにある。「命なりけり」＝「命であることよ」というこの感動を伴う言葉は、非常に深い、いのちの本質を問うているすごい表現だと思う。「命なりけり」という言葉は、実は後で⑧の斎藤茂吉の歌でも出てくる。

西行の望んだ死に方

西行の「ねがはくは」の歌も有名な歌である。花といえば桜だが、できることなら満開の桜の花の下で自分は死のう、と言う。きさらぎの望月。きさらぎとは旧暦二月。いまで言えば、だいたい三月の下旬ぐらい。そして望月というのは満月。ちなみに二月十五日というのは、お釈迦様が亡くなった日である。このことから、ほとんどの注釈書で、「桜の花が満開で、お釈迦様が亡くなった二月十五日に西行は死にたいと思った」とあるが、私は別の解釈をしている。若山牧水《わかやまぼくすい》に教えられたのだが、きさらぎの望月というのは、単なる満月という意味であって、お釈迦様が亡くなった日にちということは西行の念頭にはなかったのでないか。

どういうことかというと、満開の桜の下で、しかも満月の夜に死にたいという、美への憧れでこの歌を解釈するほうが西行らしいのでないかということである。西行は出家後も、好きな女性に手紙を送ったりして、いわば世俗をたくましく豊かに生きた。西行の出家の理由はよくわからない。非常に優れた武士で、知性にも優れ、人望があって、妻と子どもがいて、その人が突然出家する。この出家は謎であると、いろいろな人が書いている。

いろいろな人の説のなかで、私は目崎徳衛《めざきとくえ》が、西行は歌人になるために出家したと書いているのに一番納得していた。当時、もっとも自由に行動できたのが歌人であった。「西方浄土に行かんとする人」＝「西行」という名前ではあるが、実は現世の美をとことん味わいつくそうとした人である。するとこの歌は、美的欲求から、満開の桜の下で満月の夜に死にたい、ということでないかと私は思う。

ただ、日本の宗教学のある権威の先生が書いている文章を見て私はびっくりしたことがある。西行は七十歳を過ぎてこの歌の通りに二月十六日に死に、そのことが西行を一躍有名人にした。山家集《さんかしゅう》は西行が五十歳ぐらいまでの歌を収めたものだから、この歌も死よりずいぶん前のものだが、西行は晩年、死の前年の秋から、二月十五日に死ぬように準備していたと書いておられた。食べ物や水分を少なくして、そして自分をいわば生きたミイラ状態にもっていったら、ちょうど二月十六日に亡くなったのだという。「本当かなぁ」と思って、お坊さん何人かに聞いたことがある。

高僧は自分の寿命を悟ったら、食を細くして、だんだん自分の最期を迎えるということは、あるかもしれないし、そういう話を読んだこともある。私の父は八十五歳で死んだが、最期は自宅での、いわば衰弱死だった。どこも悪いところがないのに、最後は匙一杯の水も飲まなくなった。私たち家族は飲ませたい。少しでも食べさせたい。しかしいまから思うと父は、やはり自分の天命、寿命を悟って、もういいよという死に方をしたのかもしれない。自分の天寿を悟って、体と心がもういいよという。私の父は不思議で、前日はめったに言わないのに坊さんに来てくれと言って、坊さんにお経をあげてもらった。あんなことははじめてだった。うちの父は、そんなに信心深いとは思わなかったけれど、やっぱり何かいのちの働きがあるのだろうか。その翌日父は、ちょうどみんなのいるときに世を去った。

普通の人間でも、自分の死を準備する。だとすると、自ら二月十五日に死ぬように前年の秋から準備していたということも、西行ならありうるか、と思い直したりもする。

⑤　ものおもへば沢の蛍もわが身よりあくがれ出づる魂《たま》かとぞ見る（和泉式部『後拾遺集』）

それから和泉式部《いずみしきぶ》（九七八年頃－没年不詳）。恋の歌人として有名である。これは貴船の神社で歌った歌であるが、すごく思い悩んでいるときに、目の前に蛍が飛んでいる。その蛍が、自分の身からあくがれ出た魂ではないかと思った、という歌。自分の身から魂があくがれ出る、これが日本人の魂の捉え方の一つで、この伝統はほかにも西行の歌にもあるし、あとで触れる牧水の歌にもある。もの思いをするとすごくつらくて、どうしようもなくなってくる。そのときに魂がすーっと出て行く。そのとき魂が光っている。よく日本人は、蛍を魂として捉えてきた。日本人の魂の感覚を表わす歌として、興味深いと思う。

五　近代の「いのちの歌」

叙景の歌に表われた作者の心と命

⑥　願はくはわれ春風に身をなして憂《うれい》ある人の門をとはばや（佐佐木信綱『思草』）
　　ゆく秋の大和の国の薬師寺の塔の上なる一ひらの雲（佐佐木信綱『新月』）

佐佐木信綱（一八七二－一九六三年）は明治五年の生まれだから、今日取り上げる近代歌人のなかでは一番古い。二首目の歌は、ここ大和の国の薬師寺に歌碑がある。これは名歌中の名歌と言われている。「ゆく秋の」の「ゆ」、「大和の国」の「や」、「薬師寺の」の「や」、とヤ行の優しい音が続いて歌の調子を作っている。そして大きな季節の秋、そして大和の国、そこにある薬師寺、その薬師寺の塔の上の一ひらの雲と、焦点が、だんだん小さくなっていく。この歌は、結局どこがいいのだろうか。行く秋の大和の国を深く感じながら、薬師寺の塔の一ひらの雲を見つめている作者の心が、音の優しさや調べ、焦点の移動によって、ありありと伝わってくるところがいい。切れ目なく続いていて、最後は「一ひらの雲」。この雲も象徴的だ。人間も一ひらの雲のようなものだ、あるいは自分は一ひらの雲のようにありたい、そういう気持ちが伝わってくる。

だから歌というのは、場面・風景だけでも――しかもどんな場面・風景でも――いいのである。場面・風景を見ている心・いのちが、歌には感じられればいい。だから叙景の歌には意味がある。『万葉集』も叙景の歌がたくさんある。その叙景を歌っている作者の心・いのちというものは必ず伝わるのである。

わが子の死を詠んだ歌

⑦ 道を云はず後を思はず名を問はずここに恋ひ恋ふ君と我と見る（与謝野晶子『みだれ髪』）
不可思議は天に二日のあるよりもわが体に鳴る三つの心臓（与謝野晶子『青海波』）
死の海の黒める水へさかしまに落つるわが児の白きまぼろし（〃）

堺出身の与謝野晶子《よさのあきこ》（一八七八－一九四二年）。『みだれ髪』という歌集は有名だ。晶子は恋の歌も、これまでにないような破天荒な歌を作ったが、短歌史上初めて出産・死産の歌を作った歌人でもある。晶子は十三人子を産んでいる。一人が死産し、一人が生後二日目に死んで、十一人の子どもを育てた。大変な数の子どもを抱え、みんな立派に育てた。

彼女は双子を二回産んでいるが、二回目の双子のお産のときの歌が、二首目の「不可思議は」の歌である。ある意味では、科学的・医学的には事実を捉えているだけだ。自分の心臓と赤ちゃん二人の心臓が鳴っているわけだから、三つの心臓があるというのは当たり前である。だがそのことに感動している。空に太陽が二つあるよりも、心音が三つも聞こえるということが不思議だ。科学的には何ら不思議でない。双子の赤ちゃんがいるのだから。しかしその事実を感性で受け止めると、三つの心臓が自分の体の中にあり、三つものいのちが動いているということの何と不思議なことよ。空に太陽が二つあるよりも不思議だ。というい のちの受け止め方がここにある。しかも晶子にとって、二度目の双子。二度目だから慣れているだろう、ということでない。何度双子を身ごもっても、三つの心音が聞こえるということに対する、みずみずしい感動がある。

一人が亡くなったときの歌が、次の「死の海の黒める水へさかしまに落つるわが児の白きまぼろし」。死産だったから、死の海の真っ黒な水の中に、逆さまになって落ちていく私の子どもの裸の白い体が見える、という。亡くなった子どものいのちを惜しむ歌である。それをこういうイメージで歌う。晶子はこのテーマで、四十首ぐらい作っている。それまでは出産、特に死産というものは詠まれてこなかった。だが晶子は歌いたいものを何でも歌う。そういう意味で、いのちの歌を歌い続けた人である。

言葉のつながり、いのちのつながり

⑧　死に近き母に添寝のしんしんと遠田のかはづ天に聞こゆる（斎藤茂吉『赤光』）
　　あかあかと一本の道とほりたりたまきはる我が命なりけり（斎藤茂吉『あらたま』）

斎藤茂吉（一八八二－一九五三年）に有名な母の臨終のときの歌がある。「しんしんと」は「添寝のしんしんと」と同時に、「しんしんと天に聞こゆる」でもある。上の句と下の句の両方に関わっている。静寂のなかに蛙の声が「天に聞こゆる」という表現は、天に召されていく母親に対する荘厳の心であろう。

次の『あらたま』の「あかあかと一本の道とほりたりたまきはる我が命なりけり」を見よう。「あかあかと一本の道とほりたり」、これもいろいろな解釈ができる。あかあかとは明るいという意味でも取れるし、夕日の赤、朝日の赤でも取れる。だが何よりも、ここにまた、「命なりけり」が出てきた。歌というのは伝統を継ぐものである。「命なりけり」は西行以前にも使った人がいるが、茂吉も「命なりけり」を継いだ。先人の言葉を自分が継ぐのも、いのちのありようである。自分のいのちは閉ざされてあるものでないということを、「命なりけり」という先人が使った言葉を受け継いでいくことで、表わそうとする。このような、言葉のつながり、いのちのつながりも、やはりすごく大事なことの一つだと思う。

人生を嘆く歌

⑨　けふの日もなほ呼吸《いき》するやふとしたるあやまちによりなりしこの躰《からだ》（柳原白蓮『踏絵』）

今日もまた髪ととのへて紅つけてただおとなしう暮らしけるかな（〃）

柳原白蓮《やなぎはらびゃくれん》（本名燁子《あきこ》）（一八八五－一九六七年）は、ＮＨＫの朝の連続ドラマ「花子とアン」でも知られるようになったが、不幸な生い立ちであった。母親が柳原家の正式の妻でなく、他所の女性だった。そういうときは、生まれた子も父親の家に入れないが、燁子の場合はある事情から、柳原家に入れられて、柳原燁子になる。でも家で厄介者にされる。それで北小路という家に結局、養女にやられて、そこの家の息子の嫁にさせられた。厄介払いされたわけだ。

その息子がひどい息子で、結局燁子はそのあまりのひどさに耐えきれず、子どもを産んだ後、柳原家に帰ってくる。柳原家では、昔でいう「出戻り」で厄介者である。それで福岡の炭鉱王、伊藤伝右衛門という大金持ちの家に、いわば押し付けられる形で嫁ぐことになった。伝右衛門にとっても柳原家の女性を嫁に迎えるというのは厄介ごとだったろうが、迎え入れられることになって、そこで一生懸命に二人で考えを合わそうと暮らすが、結局は、燁子が宮崎龍介という青年と出会って出奔し、大事件・大スキャンダルになった。というのも自分が伊藤伝右衛門の家を出たことを新聞に公開書簡で出して、そして今度は伊藤伝右衛門が公開書簡で答える、ということをしたからだ、いまであればテレビと週刊誌が毎日報道するような大スキャンダルだった。柳原家の燁子の兄は貴族議員を辞職するなど、大変な騒ぎになった。でも燁子から言えば、自分の生い立ちが限りなく不幸だったのだ。自分の居場所がない。アイデンティティがない。だから彼女は歌わずにいられない。

一首だけ見ると「けふの日もなほ呼吸するやふとしたるあやまちによりなりしこの躰」。この世に生まれたこと自体が間違いでなかったろうかという、このつらさ。その後にようやくよい青年と出会って、先の大事件となったのだが、この歌には一人の人間が、こういう自己否定の思いで生きなければならなかった救いがたい嘆きが、滲《にじ》み出る。

感覚の喜びを味わう

⑩　ヒヤシンス薄紫に咲きにけりはじめて心顫《ふる》ひそめし日（北原白秋『桐の花』）

君かへす朝の舗石《しきいし》さくさくと雪よ林檎の香のごとくふれ（〃）

北原白秋（一八八五－一九四二年）は、福岡柳川出身で、感覚が人生の喜びだという人である。有名なのは、二首目の「君かへす」の歌である。一夜を過ごした恋人を、翌朝帰さなくてはならないのだが、その彼女が行く道に、雪よ、さくさくと林檎《りんご》の香のように降れ、というこの感覚、この比喩の新鮮さはどうだろう。感覚それ自体は、腹の足しにもならないし、何にもないといえば何もないが、感覚の喜びを味わえる人は、人生幸せである。白秋はそういう人だった。彼は天才的な言葉の使い方の名人であった。

心のなかの二面性

⑪ けふもまたこころの鉦《かね》をうち鳴《なら》しうち鳴しつつあくがれて行く（若山牧水『海の声』）

白鳥は哀しからずや空の青海のあをにも染まずただよふ（〃）

妻や子をかなしむ心われと身をかなしむこころ二つながら燃ゆ（若山牧水『秋風の歌』）

⑪は若山牧水（一八八五－一九二八年）。私は宮崎で若山牧水記念文学館の館長をしているが、⑪の一首目に、和泉式部の「あくがれ」が、また出てくる。あくがれというのは、いまあるところから、心が何かを請い求めて出ていくこと。「あ」とは「ある（在る）」などの「あ」である。「く」は「いずく」というときの「く」だから、ある場所。「がれる」は離れる。自分の魂、いのちが、自分から離れていってしま

う。魂が離れていってしまっては、自分は亡骸である。だから魂は帰ってこなくてはいけない。現在地に心をとどめようとしながらも、旅にあくがれる思いで牧水という人は生きたのである。心のなかの鉦を鳴らし鳴らししながらあくがれていく。こういう気持ちで牧水は旅に行ったし、人と接した。

それを最初に具体的なイメージで歌ったのが、白鳥の歌である（口絵写真1）。これも二句と四句で切れる歌である。周りの色に染まって生きるほうが、ある意味楽である、でも青に染まらないで、自分の白を貫いて生きている白鳥の姿。お前は哀しくないか。青に染まってしまったほうが、楽じゃないのか。自分の白を際立たせて、青い世界で生きることはつらくないかい、という意味だ。だからこれは、あくがれをもって生きる人間の姿を、具体的にイメージで歌った歌だと言ってもいい。

牧水はよく旅をした。西行は出家して家族はいなかったから旅がしやすかったが、牧水は奥さんと四人の子どもがいたのでなかなか大変だった。家族も大好き、旅も大好き。どうしたらいいか。それが次の「妻や子を」の歌である。自分は妻や子も愛しい。でも旅に行きたい自分も愛しい。二つの心がある。この二面性が、牧水の心なのである。

皆さんも自分の心に二面性を感じたら、それは豊かだということである。それは皆さんのいのちの豊かさだ。私のカウンセラー室にも、ある女子生徒が来て、私の中は何か矛盾する二人の自分がいるようで、私はおかしいのでしょうか――そういう話を延々としたことがあった。二つの自分があるということは豊かなのである。ただ二つ持っていると大変ではある。それらをどう調和するかが難しい。牧水はその二面性をずっと持ち続けた人である。

自分のなかに二面性があったら、それは大事にしたほうがいい。本人は大変だけれど、それはむしろいいのちの豊かさである。相反する自分がいることはすごく大事なことだ。それを牧水は、「妻や子をかなしむ心われと身をかなしむこころ二つながら燃ゆ」と歌う。二つが燃えさかっていることが大事なのである。それがいのちの混沌だから。

⑫　いのちなき砂のかなしさよ　さらさらと　握れば指の間より落つ（石川啄木『一握の砂』）
友がみなわれよりえらく見ゆる日よ　花を買ひ来て　妻と親しむ（〃）

石川啄木《たくぼく》（一八八六－一九一二年）も牧水と同じ世代の歌人である。いのちのない砂はなんと哀しいのだ。こんなふうにさらさらと落ちていってしまう。

啄木は才能がありながら、貧困と病気のため、本当に不運な人生を生きた人だった。啄木と牧水は親友で、啄木の臨終を看取った唯一の友人は牧水だった。でも不思議なことに牧水は、啄木の葬儀を全部準備して、お通夜までやったのに、葬儀には出ていない。牧水は啄木を偲ぶのに、葬儀でなく一人山のなかに行って啄木を偲んだ。こういう偲び方もある。啄木と牧水の共通点はわかりやすい日本語で短歌を詠んだことであり、啄木は特に日常詠《えい》を通していのちの悲しみを詠んだ。

六　現代の「いのちの歌」

現代歌人の新しいいのちの表現

⑬からあとは現代歌人（昭和以降の歌人）の歌である。

⑬　床の間に祭られてあるわが首をうつつならねば泣いてみてゐし
　いますぐに君はこの街に放火せよその焔《ひ》の何んとうつくしからむ（〃）（前川佐美雄『植物祭』）

前川佐美雄（一九〇三－一九九〇年）は、奈良の葛城出身である。昭和短歌を切り開いた、大和の大歌人である。「床の間に祭られてあるわが首をうつつならねば泣いてみてゐし」。すごいと思う。これが昭和の短歌を切り開いた。床の間に祭られている自分の首がある。切られた自分の首がある。それを自分は泣きながら見ている、というのである。屈折した形でいのちを表現している幻想の歌だが、昭和の短歌の始まりである。昭和五年のシュールレアリズムの歌集である。

次の「いますぐに」の歌は、青春の破壊衝動も含めて、昭和の短歌の新しい姿である。機会があったら葛城の人でもあるから、ぜひ読んでみてほしい。前川佐美雄はすばらしい歌人である。

⑭　鳶《とび》に吊られ野鼠が初めて見たるもの己が棲む野の全景なりし（斎藤史『風翩翻以後』）

前川佐美雄の妹分にあたるのが斎藤史（一九〇九－二〇〇二年）である。野鼠は地上を走り回って、野原を生きている。とうとう鳶に捕まえられて、空中高く連れて行かれた。もう終わりだ。そのとき初めて、自分が住んでいた野原全体を見た、というのである。それが一生の最後に見えて意味があるのかないのか。「人生の最後に全景が見えてよかった。自分がいたところは、あんなところだったか」と、死ぬ間際に知ることに意味があるかのか、ないのか。今頃見えたって遅いじゃないかというふうに思う人もあると思うが、いや、死の間際になって全景が見えて、野鼠本当によかったと思う人もあるかもしれない。これは斎藤さんの晩年の歌だ。人生の終わりにさしかかった作者によって、私たちは野鼠の目からいのちを見るという鮮烈な経験に誘われる。

⑮　ロミオ洋品店春服の青年像下半身無し＊＊＊さらば青春（塚本邦雄『日本人霊歌』）

塚本邦雄（一九二〇－二〇〇五年）は戦中派である。戦中に青春時代を過ごしたから、恋愛もすることができずに、結婚もすることができずに死んでしまった同年代の若者たちを思い、彼らを上半身だけのマネキンにたとえて歌った。下半身のないマネキン。恋もせず、結婚もせず、子どもも作らず死んだ同年代の人たちを、上半身だけのマネキンで歌った歌である。

⑯　ちる花はかずかぎりなしことごとく光をひきて谷にゆくかも（上田三四二『湧井』）

上田三四二《みよじ》（一九二三－一九八九年）。この歌でまず注目してほしいのは、平仮名を多用し、花が散る様子を大和言葉の柔らかさで表わしていることである。花が散るのを、私たちは儚《はかな》いと思うけれど、種を作り子孫を作るためには、花は散らなくてはいけない。立派に咲いた後は、花は散るのが役割なのである。立派に役割を終えて、「光をひく」という言葉。一つひとつの花びらが光をひきながら、主体的に、谷に向かって行くのである。このとき、上田さんは、自分の病という体験を、いのちの深さに昇華したのである。そういう歌だと思う。

いまを生きる歌人たちの歌

続いて現代の、馬場あき子（一九二八年―）、佐佐木幸綱（一九三八年―）、河野裕子《かわのゆうこ》（一九四六―二〇一〇年）、小島ゆかり（一九五六年―）、水原紫苑《しおん》（一九五九年―）、俵万智《たわらまち》（一九六二年―）、大口玲子《りょうこ》（一九六九年―）各氏の歌を挙げる。

⑰　こんな日にやめたらいいと思へども氷雨に咲かうとしをり白梅（馬場あき子『あかゑあをゑ』）

⑱　小面となりて在り継ぐ檜《ひ》のアニマむかし浴びにし檜のやまの雪（佐佐木幸綱『アニマ』）

⑲　死ぬことが大きな仕事と言ひゐし母自分の死の中にひとり死にゆく（河野裕子『母系』）

⑳　いつどこでたつたひとりに気づきしかニホンカワウソ最後のひとり（小島ゆかり『純白光』）

㉑　魚食《うをは》めば魚の墓なるひとの身か手向くるごとくくちづけにけり（水原紫苑『うたうら』）

馬場の歌は、よりにもよって冷たい氷雨の降る日に咲こうとしている白梅のつぼみに思いを寄せているが、人間のいのちもあえて困難と危険の道を選ぶことがあると歌っているのだと思う。佐佐木の歌の「小面」とは能の若い女面。檜《ひのき》で作られた小面には山で生きた檜のいのちが受け継がれているという歌である。「アニマ（霊魂）」という言葉に注目したい。河野は、死とはどんなものなのかと問いかけ、母の死に方のなかに答えを見出そうとしている。小島は、すでに滅んだと言われるニホンカワウソの「最後のひとり」の運命を思っている。種族すべてが死に絶えた後のいのちの孤独の深さ。人間だってそんな運命がいつ訪れるかわからない。水原の歌は、自分の恋人がディナーで魚を食べたとき、あなたの体は魚のお墓になったのだという。そして、魚の命に手向けをするようにあなたにくちづけするのだと。いのちのつながりを歌った作と言える。

㉒　我という三百六十五面体ぶんぶん分裂して飛んでゆけ（俵万智『サラダ記念日』）

それから俵万智。私たちは何か統一したアイデンティティみたいなのを求めるけれども、むしろ三六五面体という捉え方をしたほうが、いのちは豊かになるのかもしれない。日替わりの自分でいいのだという考えがここにある。これは、俵のたくましさである。

㉓　分析をし尽くされわが精神は秋青空に透きて見えざる（大口玲子『東北』）

それから大口玲子。いま、宮崎に東北から移り住んでいる。この歌は仙台にいたころの作で、当時彼女は精神科に通っていた。「分析をし尽くされわが精神は……」。私の魂はもう病院で分析されている。分析されて分析されて、しかし私の心はわかったのだろうか、見えたのだろうか、自分にとっても——という歌。

㉔　おとうとよ忘るるなかれ天翔ける鳥たちおもき内臓もつを（伊藤一彦『瞑鳥記』）
　　いのちなき石がいのちあるわれを載すわが亡き後も長く在る石（伊藤一彦『微笑の空』）

最後に私の歌も紹介させていただこう。一首目の「おとうとよ」の歌は、空を飛んでいる鳥たちは決して軽々とは飛んでいない、重たい内臓をもって飛んでいるのだというつもりで詠んだ。「おとうと」は若い人の代表の意味である。二首目は非生物にも「いのち」があるという日本人の伝統的な感性を表現しようとした。いのちがないと思われている存在のほうが長く長く生きるということである。

七　おわりに

いのちの歌について聞いてもらった。その語源の話で述べたように、いのちとは深く、重たく、霊的な力を持つものと考えられてきた。しかし、現代の私たちは、そんないのちの意義を日頃忘れがちなのではないか。古《いにしえ》の人びともそうだったかもしれない。そして、古の人びとは危機に直面したときに——遂げ得ぬ恋、愛する人の死、自分の避け得ぬ病と死、社会的圧迫など——改めて強くいのちを意識した。古と変わらぬ危機に加え、未曾有《みぞう》の危機がいつ襲ってくるかもわからない現代に生きている私たちは、日頃からいのちについて考えておく必要があろう。そして、大切なことは、いのちへの想いを常に表現することである。いのちをいのちたらしめるのは人間にとって言葉だからである。

第2章 手仕事からの人間論
——哲学的工芸考

丸田《まるた》 健《けん》

一 はじめに

自分の関心領域を「人の生」また「生きるということ」と結び付けて論ぜよ、というのが、今回与えられた課題である。そこで私は、ある種のモノについて考えようと思う。それは、私たちの生活で古くから使われてきた道具類で、「雑具」「民具」等と呼ばれることもあれば、技の巧みさやモノのクオリティから「生活工芸品」と呼ばれることもあるものだ。それらはお椀《わん》だったり、擂鉢《すりばち》・擂粉木《すりこぎ》だったり、笊《ざる》だったり、湯呑みや急須《きゅうす》だったり、盆だったり、手拭いだったり——そういった身辺卑近のものである。

身近な自然素材と人の手技をもって作るそれら伝統的生活道具には、残念ながらすでに途絶えたものも多いうえに、明日にも途絶えようものもある。ライフスタイルの変化、後継者・材料・道具の不足、大量生産による代替品の普及等、複数の要因が手仕事の衰退の原因だとされている。だが残っているものもまだ多数あり、残そうと努力している人びとも多数おられ、そして手仕事に関心を持つ若い人びとも新たにいる――ということも事実である。

「時代の流れで衰退するものに愛着するのは、時代錯誤的、ノスタルジアにすぎない」という意見があるとすれば、私にはそうは思えない。手仕事の生活道具は、私たちの存在にとって実はかなり大切なもので、途絶えたものも含め、それらを自らに引き寄せて考えることは、生きることについて考えることに直結すると、私は思う。それらの道具は、実用という意味ではもちろんのこと、それ以外の仕方でも私たちの生活を支えてくれる。以下の文章を通して、それが一体どういうことなのかを、言葉に整理する機会にしたい。

理想としては、機械や工業的素材にできるだけ依存せず、身辺の自然を材料に手作業で作られた伝統的なものを考えたい。ただ、すべてを昔のままにすることが、いまの時代に無理ないし無意味でありうること、あるいは作り手に負担を強いるだけのことがあることも、留意すべきだろう。しかし伝統への変更をどこまで受け入れるかは、さまざまな事情のなかでケースバイケースで判断するほかない。私たちとしては伝統重視を原則に、昔ながらの仕方で作られた原型的な手仕事道具を、本章で考えるモノの典型例としたい（口絵写真２）。

二　道具にはどんなはたらきがあるか――インデックス性

道具の意味――用をなすこと

哲学者Ｍ・ハイデガー（Martin Heidegger　一八八九－一九七六年）は、「世界内存在」の概念によって人間を捉えようとした。彼によると、私たち人間は「世界内存在」というあり方をしている。それはつまり、「人は世界のただ中にあって、しかも世界と分かち難く結び付いて存在している」ということだ。この規定は重要である。というのもこれが言うのは、人間を世界から切り出して、人間だけを見つめるなら、逆に私たちは自分自身の姿を見失う、ということだからだ。人間は常に何かを使用したり製作したり、また何かに携わったりしながら——つまり世界と何かしら交渉しながら——存在しているのであり、この事実を直視せずには、人間は自分を理解できない。そして私たちがそもそも世界に関わることができるのは、道具を通してのことである。人は道具なしには世界との関係を築くことはできないし、道具なしには自分の存在がありえない。人の世界を可能にするのが、道具である。したがって人間存在を世界内存在だと理解すべきなら、それを可能にする道具は、人間の自己理解の欠かせない一部ということになる。

では道具とは一般に、どう説明されるものだろう。道具の辞書的定義は、「何かをしたり、何かを作ったりするための器具」、「何かの目的のための手段として使われるもの」といったものである。ハイデガーも「手段性」を根本に道具を捉え、こう述べている——「道具は本質からして、「～のための或るもの」なのである。有用であり、役にたち、利用されることができ、手ごろであるといった、この「のために」のさまざまな様式が、道具全体性を構成している」（ハイデガー 二〇一三、三三二頁）、と。

道具の意味が、何かの目的に向けての有用性、手段性、機能性によって説明されるのは不可欠だとして、私たちが問いたいのはむしろ次のことである。すなわち、道具は「～の為である何か」に尽きるのだろうか。道具の意味は、その手段性にすっかり収まってしまうものだろうか。手仕事の生活道具の意味は、どう説明するのがよいのだろうか。

道具のさらなる意味——消費記号論を手掛かりに

「道具は道具であるだけではない」、「道具には機能以外の意味がある」といった考えは、現に存在する。フランスの社会学者ジャン・ボードリヤール（Jean Baudrillard 一九二九–二〇〇七年）が現代社会の分析を通じて示した、「消費社会論」がそれである。彼の主張は、現代は大量生産・大量消費の社会であり、そこではもはや、人は機能を求めて道具を買ったり消費したりするのではなくなった、というものだ。彼は次のように書いている。

> 現代的なモノの「真の姿」は何かの役に立つことではなく［機能以外の］何らかの意味をもつことであ［る］。（ボードリヤール 一九九五、一六七頁。傍点追加。［ ］内の表現は丸田による補足（以下同じ））

> 人びとはけっしてモノ自体を（その使用価値において）消費することはない。——理想的な準拠としてとらえられた自己の集団への所属を示すために、あるいはより高い地位の集団をめざして自己の集団から抜け出すために、人びとは自分を他者と区別する記号として［……］モノを常に操作している。（ボードリヤール 一九九五、六八頁。傍点追加）

どういうことだろうか。現代生活を見渡せば人間が生んだモノで充満しており、それらのモノとは大概、何らかの道具だろう。ボードリヤールは、それらのモノないし道具には二側面があると見る。その二つとは、①モノの使用価値と、②モノの社会的意味である。それらは、道具の①機能的意味と、②記号的意味などと言い換えてもよいだろう。そしてボードリヤールは、現代社会では、①よりも②のほうが重視されるのだ、とする。

人はいまや道具に機能を求めない、とは挑発的な主張だが、その内実は次のようなものだ。つまり製造者は製造したモノを売りたいのだが、それは容易でない。なぜなら「豊かな」社会の消費者には、満足して使える道具の手持ちがすでにあるものだし、それが壊れて代わりを探すときでも、市場には同じ用を足す道具が有り余っているからだ。このような飽和状態であれば、消費者に何か追加の動機付けをしない限り、モノは売れない。ここで登場するのが、記号的意味である。製造者は自社製品を売るため、機能とは異なるレベルでの差異化をそれに与える（それは、デザイナーが考案する特徴的な形状や色だったり、電気製品ならガジェット的付加機能だったりする）。そしてそのように作られた外面的差異には、それと一体化した観念的な意味の差異が伴うようになっている。たとえば重厚で安定感を意識させるデザインを施されたベンツ車やロレックス時計は、「高い社会的地位」という意味を担い、それがブランドのイメージとなっている。「ステータス」が、世間に定着しているそれらの製品の記号的意味だ。それらの品の道具的性能が事実優れているにせよ、移動手段や時間表示という実用性のみを考えれば、同等の質の車や時計は他にいくらもあるだろう。にもかかわらずあえてベンツ車やロレックス時計を買う人は、「ステータス」という点で自分を他者と区別させる、製品の記号的意味をも考慮しているのであり、その意味に対して対価を支払うのである。

モノの記号的意味は、実に多様だ。たとえば衣服が表わす社会的意味は、「女性的」「男性的」だったり、「ビジネス風」「フォーマル」「カジュアル」だったり、「都会的」「アウトドア系」「今年の冬の最先端」だったりする。身体保護という衣服の基本的機能面からすれば、どの服を選んでも大差ないはずだが、実際は「どれでもいい」ですまないのは、人は自分に与えられた、あるいは自分が望むイメージに合致する服を選ぶ、つまり服の記号的意味の違いを気にするからである。

　このようにボードリヤール的分析では、製品はいろいろな社会的意味を表わす記号性を帯びるのだが、もう一つ加えるべき指摘がある。それは、ボードリヤールにおいて、「記号（としてのモノ）」と「それが表わす意味」の結び付きは、人為的で操作可能なもの――その点で恣意的なもの――と考えられていることだ。恣意的なつながりであるから、恣意的に変更もできる。彼は言う――

〔……〕モノが記号価値を受けとる暗示的意味の領域においては、〔モノは〕多かれ少なかれ無制限に取りかえ可能なのである。（ボードリヤール　一九九五、九三頁。傍点追加）

たとえば「都会的ファッション」を謳《うた》う製品は、毎年ラインナップが更新・一新されることが普通にある。消費社会はモノの無際限な生産・消費によって成り立つ仕組みの社会であり、それはモノを売るために、機能以外の意味をモノに加え、その意味によって消費を促す。そうやって出した製品が世に一通り行き渡り陳腐化すると、今度はモデルチェンジをした別の製品を「都会的」「今年の流行」等の意味において売るのである。あるいはまた、新たな商品を、新たな意味・コンセプトのもとで宣伝・販売することもある。ボードリヤールが指摘するモノの記号的意味とは、このように購買欲を刺激するために企図される意味であり、その意味を担うモノは千変万化に入れ替わる。そういう事情であれば、その意味内容自体は実はさほど重要でなく、むしろそのイメージが引き起こす消費効果のほうが重視されるのは、自然な流れであろう。

手仕事道具も現代社会のなかにある以上、それらも消費社会の製品と変わらない仕方でプロモートされることがある。流行のライフスタイル誌やテレビ番組等で紹介され、手仕事道具が「エコ（ロジー）」「ナチュラル志向」「スローライフ」「ロハス」(1)といった言葉と結び付けて宣伝されることも多い。つまりそれは、機能でなく意味による宣伝である。だがこれらの言葉の意味内容は何だろう。というのも同じ言葉が——手仕事道具とは多くの点で対極にある——自家用車や家電製品の消費勧誘（たとえば「エコ製品にエコ替えしよう」）にも使われるからだ。意味内容を曖昧《あいまい》に、何かポジティブな雰囲気だけを漂わせる宣伝文句があるとすれば、先ほどの言葉たちはその代表格だろう。現代はどんなものも宣伝が必要な時代だとしても、このような適用範囲が伸縮自在な言葉——その分、意味内容が恣意的な言葉——によって、手仕事の意味は望ましい形で汲み取れるのだろうか。

さらにここで、ある竹籠職人の次のような言葉を見てみよう——「竹は立っているときが一番美しい。それを切るからには、よいものを作らねば……」。このような言葉を聞くと、手仕事道具を「エコ」という語で描写することに対し、別の違和感も頭をもたげてくる。というのも「エコ」のようなイメージ先行の宣伝文句には、この職人の言葉の裏にある謙虚さのような、自然の生命と直に向き合うことに裏打ちされた深いリアリティを感じないからだ。では私たちは手仕事の意味をどう考えるのがよいのだろうか。

道具のさらなる意味（続）――自然的つながりへの指示

ボードリヤールの考えでは、機能に加え、道具には社会的意味を表わす記号性があるのだった。そしてボードリヤールは道具と社会的意味との関係を、操作可能な恣意的なものとして捉えていた。しかし記号の捉え方は、その一通りしかないのではない。

古典的分類によれば、記号には①慣習的ないし人為的記号と②自然的記号の二種類がある。記号は何かを表わすもので、意味は記号によって表わされるものだが、慣習的（人為的）記号とは、「表わすもの」と「表わされるもの」の結合が、自然の必然性でなく、社会のなかでの人間の慣習的取り決めに依るとされるものだ。一般的に言葉は、慣習的記号の集まりだとされる。たとえば私たちはなぜ、黄色い花を咲かせわたぼうしをつける道端の植物を「たんぽぽ」と呼ぶのだろう。たんぽぽがそう呼ばれる根拠は、それを観察しても見つかるまい。「たんぽぽ」という記号を使うのは、（何らかの謂《いわ》れがあろうが）結局は日本語の決まり――慣習――の問題にすぎない。ボードリヤールの消費社会論における、現代的モノの場合も、自然の強制がないという点で同じである。現代的なモノの記号的意味は人間が意図的に製品に盛り込むもので、さらにその意味を担う製品は入れ替え自在であった。そのような記号は、人為的な慣習的記号となる。

もう一つの伝統的記号のタイプである自然的記号は、「表わすもの」と「表わされるもの」の関係が、たとえば因果関係のような、人間が知るに至った何らかの事実的な隣接関係に由来するものである。たとえばふきのとうは春が近いことを表わしているし、山中の木の幹の鋭い掻き傷はそこに爪を立てた熊の存在を表わしている。私たちが対象から何かを読み取る限り、それらは私たちにとって、春の到来や熊の存在を表わす記号だと言えよう（たとえば春を待ち遠しいと思う気持ちが、ふきのとうと春の関連を意識させ、ふきのとうを春のしるしにさせるのだ)。重要なのは、たとえばふきのとうと春の結合が、単なる取り決めとしてあるのでなく、事実に基づく結び付きである点だ。自然的記号は、それが表わすものとの事実的結合を人間が見出し、その結合に興味や関心を抱くことで、記号となるものである[2]。

関連して、C・S・パース(Charles Sanders Peirce 一八三九－一九一四年)による、記号分類にも触れておこう。彼は記号を三つに分類している。それらはイコン(類似記号)、シンボル(象徴記号)、インデックス(指標記号)である。いま私たちに関心があるのは、これらのなかのインデックスなのだが、それは対象と何らかの事実的な関係――現実の結合――を持つことで、その対象を表わす記号である。するとインデックスは、自然的記号と考えることができる。それゆえパース流に言えば、ふきのとうは間近な春を指し示すインデックスであり、木の爪跡はそこに熊がいたことを指し示すインデックスだ、ということになる。

私たちの主題は、昔から続く手仕事の生活道具だった。そういう道具は、ほかのモノ同様、それ自身のさまざまな事実的関係のなかに存在している。手仕事道具が持つ特徴的な関係は何かと問うなら、たとえば次のような整理ができるのでないか。

❶手仕事道具には、その素材を供給してきた自然の世界がある。
❷手仕事道具には、それを作ってきた作り手がいる。
❸手仕事道具には、伝えられてきた道具づくりの知や技がある。
❹手仕事道具には、それを使ってきた人びとの暮らしがある。

日本の生活文化のなかに育った人なら、日本の生活諸道具について、これらの結び付きを多少なりとも知っていよう。たとえば竹籠・竹笊に備わるつながりを見てみる。❶その素材はタケ・ササ類で、真竹《まだけ》がおそらく竹の代表格だが、他にも種類（淡竹《はちく》、孟宗竹《もうそうちく》、根曲竹《ねまがりだけ》、篠竹《しのだけ》など）がある。竹は一気に伸びる常緑の植物で、興味深い性質を多く持つが、昔から生命力や吉祥の象徴的存在で、他に工芸材料や食用でもある身近な植物である。❷竹から細工物を作る人と言えば『竹取物語』の翁《おきな》が思い出されるが、現代で言えば、九州をはじめ日本各地に、徒弟制度や訓練校などで先輩職人に育てられた竹細工職人がいる。❸竹の選定、伐採時期、ヒゴ作り、編み方についての知識・技術がある。一人前の職人は百種類ほどの籠・笊を作れるそうだが、竹細工には基本的に底・胴・縁の三部分があり、場所ごとに編み方の種類——網代《あじろ》編み、ござ目編み等——がある。❹竹で編まれた生活道具は、いろんな場面で使われてきた。家庭内では、野菜を入れる籠、米を研ぐ笊、味噌を濾《こ》す笊、梅干しを干す笊、洗った食器の水切りをする籠、等がある。かつては農具や漁具として使われる竹細工も多くあった。肥料や収穫物を入れたり運んだりする籠や笊、穀物の選別をする箕《み》や笊、魚を入れる魚籠、魚を捕える筌《うけ》、等だ。

竹細工は、このような広がり——つまり種々の竹、土地土地の職人、多様な知と技、そして生活におけるそれらの用途が、地域・歴史的に作り出してきた入り組んだ広がり——を持つものであり、一つひとつの笊や籠は、その広がりにある具体的な個々のつながりが結束してできた、いわば結び玉である。私たちが手にする竹細工は折につけ、これらのつながりのいずれかを想起させたり、いずれかに注意を向けさせたりする。たとえば竹笊は、竹の最初の青みや産地の風景、作ってくれた人、作業をする彼の手の動きなどを思い出させたりする。竹細工はそういった事象へのインデックスだと言えよう。というのも竹細工とそれが示す事象の関係は、人間の恣意的な取り決めや企てによるものでなく、歴史・時間の連続のなかで自然に蓄積されてきた人間の経験に根差すものだからだ。手仕事道具に機能以外の意味があるとすれば、それは道具のインデックス性のはたらきによって、私たちの足元から広がるその広がりの世界に私たちの目を開かせることだろうと考えられる。このインデックス性については、以下で少しずつ補足を加えていくことになろう。

他方、大量生産の工業製品は、もちろんそれ自身の多くの事実的関係を持つにもかかわらず、そのインデックス性は手仕事の豊かさに及ばない。多種ある家電製品について、部品素材がどんな素性のものか、その製品がどの国のどんな工場でどんな機械が作っているか、どんな工業技術の下で作られているか——これらはほとんどブラックボックスであり、こういう疑問に自分を関わらせようという関心を、私たち一般人は工業製品に対してはほとんど持たないように思う。かくして工業製品は自然的意味の喚起力に欠ける無味乾燥なものとなるわけだが、しかしだからこそ、デザインや宣伝による人為的な意味付けに対しては開かれている、とも言える。

三　道具の身体性

身体を起動する道具

人間の「身体」という視点を加えて、さらに稿を進めようと思う。道具は使うものだが、使い方にも違いがある。使い手から見るなら、道具は大きく次の二種類へ分けることもできよう。その二種類とは、

①自分と一体になって使われる道具
②自分の身代わりになって使われる道具

である。たとえば箒《ほうき》は、柄を持って穂先を床で往復させながら部屋を移動するというふうに、使い手が全身で使うものなので、①の道具である。他方、最近登場したロボット掃除機はどうか。それは、機械が自律的に部屋を動き回って掃除するものなので、②の道具である（ただし①と②の区別は、程度の問題でもある。人間が吸引ホースを持って部屋を移動する従来型の電気掃除機は、ロボット掃除機と比べれば①寄りの道具だし、箒と比べれば②寄りの道具である）。

現代社会では、①から②への道具の移行が生活の近代化・進歩・改善だと一般的に考えられてきた。そして多くの自動機械が生活のなかに普及することになった。おそらくそこには次のような考えもあるだろう――「日々の生活の勤めは面倒なものだ。それを機械に任せて人間の負担を省くなら、人はもっと有意義に生きることができる」、「日々の生活の勤めは単純労働で機械的なことだから、人間がそれを毎日反復することは、人間が人間らしく生活することを阻むことになる」。

そもそも人間は自身を、どんな存在として自覚してきたのだろう。思想史の一つの古い伝統には、人間の精神を重んじ、身体を軽んじる傾向がある。近代の哲学者R・デカルト（René Descartes 一五九六－一六五〇年）もその伝統にいる。彼が言うには、「私とはただ、考えるもの以外の何ものでもないことになる」、「私は、もろもろの肢体の組成――人体と称されるあの組成――ではない」、「それでは私とはなんであるのか。考えるものである」（デカルト 一九七八、二四七－二四九頁）。デカルトの考えは人間の基盤を（合理的）精神に求めるもので、彼は人間が存在するには身体も世界もさしあたり不要と考えた。しかし本稿冒頭で触れたハイデガーの「世界内存在」の考えは、デカルトの考えをひっくり返す。というのもそれは、世界のなかで道具を利用し、世界と交渉して在るのが人間だとするからだ。道具を作ったり使ったりするとき、思考とともに身体が――そしてそれを含む世界が――前提される。世界内存在という規定は、人間をその身体性においても把握する考えである。

この立場では、世界との身体的交渉は、人間存在の本質に関わる根源的営みである。するとその身体的交渉を助ける道具こそが――つまり「人と一体となって使われる道具」こそが――道具のなかでも根源的道具ということになろう。人と一体となる道具の好例は、単純にして初歩的な伝統的生活道具である。単純な道具は、さまざまな仕方で五感や身体を働かせ、それらを活性化させるものである。たとえば箒で掃くとき、私は自分の手足の動きのなかに、箒の重さを感じ、竹の柄の手触りを感じ、穂先の弾力を感じ、穂先が畳と擦れる音を聞く。あるいは魚の調理を考えるなら、包丁を研いでおき、新しい魚を洗い、鱗を取り、出刃包丁で鰓《えら》や内臓を取り、頭を落とし、三枚におろし、柵《さく》にし、刺身包丁で皮を引き、身を切り分けて刺身にする。こういった行為は、ロボット掃除機のスイッチを押すだけ、またパックの刺身を買うだけ、の行為とは明らかに違う。便利さは、それと引き換えに人間の身体を奪うものだが、箒や包丁は逆に、人間の身体を立ち上がらせ、私たちを世界と直に向き合わせる。手仕事道具はまた、それぞれの素材・作りに応じた身体的関わりを要請もする。実用品とはいえ、素材や作りを理解せずに横着をすれば道具を傷めるため、道具の声を聞きながら接することが要求される。

暮らしの所有

身体の使用に絡み、J・ロック（John Locke　一六三二 - 一七〇四年）の考え——いわゆる「労働所有説」——も見ておこう。

〔……〕人は誰でも、自分自身の身体に対する固有権《プロパティ》をもつ。〔……〕彼の身体の労働と手の働きとは、彼に固有のものであると言ってよい。従って、自然が供給し、自然が残しておいたものから彼が取りだすものは何であれ、彼はそれに自分の労働を混合し、それに彼自身のものである何ものかを加えたのであって、そのことにより、それを彼自身の所有物とするのである。（ロック 二〇一〇、三二六頁）

ここには、所有に関するある古典的アイデアが述べられている。つまりそれは、「誰のものでもない状態に、自分の労働を投じて成果を得た場合、その成果は自分のものだ」という考えだ。

いまこの説に言及したのは、所有をめぐる法的関心などからでなく、引用文中にうかがわれる人間の心理に注目したいがためだ。自分の働きで得た果実に対し、所有感情が芽生えるのは、人の自然だと言えよう。そしてそれは、肉体労働による荒野の開墾のような場合に限られるわけでない。精神的労働を投じて作り出した成果物に対しても、それが自分の一部だという感情を、人は強く持つものだ。そのような感情は、知的所有権の考え方の根底にも色濃くあるだろう。

さて、手仕事の生活道具の使用についても、類似の観察ができるだろう。まずはじめに、手仕事の生活道具――「自分と一体となって使われる道具」の典型例――を使って自分の身体を動かしたとき、この場合に私たちが手にする成果とは何だろう。生活道具を使って得られるのは、自分の日常生活にほかならない。具体的には、小ざっぱりした畳や廊下だったり、気持ちよい鋭さに研がれた包丁だったり、食卓に並べられた料理だったりするような、日常の暮らしである。そしてここで生じる所有感覚があるとすれば、それは、その暮らしという果実がまさに自分のもの――いわば手をかけた作品――だという感覚、身体に根差すがゆえに身に染みて感じられる暮らしの精神的リアリティの感覚だ、と言えるのでないか。

暮らしの行為は、日々同じことの繰り返しかもしれない。けれども「人は同じ川に入ることはできない」という意味では毎日は異なるのであり、（忙しさに飲み込まれてさえいなければ）反復のなかに新しさを発見する知性を、私たちは持っている。さらに暮らしの行為がすべて負担にすぎないかといえば、それも決してそうであるまい。強調しておきたいのは、身体を投じることの結果は、生活が自分のものとしてのリアリティ、親密さを帯びるということだ。その感覚は、暮らしの行為を単なる負担とみなし、それを自動化、省略化することでは得られない感覚であるはずだ。

道具使用が広げる世界への親しさ

ところで伝統的な手仕事道具の場合、それらに特徴的なインデックス性というものがあった。手仕事道具が想起させる諸々のつながりがあり、先に私たちはそれらのつながりを、便宜的に四つに分けた。すなわち、❶素材を与える自然、❷道具を作ってきた職人、❸彼らに伝承されてきたものづくりの知と技、❹別道具が使われてきた人びとの暮らし、である。これらを説明する例として、右では竹細工を選んだが、別のものも見ておこう。

たとえば日々使う人も多いだろう塗物《ぬりもの》の椀はどんな道具かを、❶〜❹の観点から書き出してみる。塗物椀とは、❶山の木を倒して作った木地椀《きじわん》に、漆木の樹液（これは触れるとかぶれを起こす）を塗った、いわば植物性の道具である。椀に使われるのは主に、欅《けやき》、栃《とち》、梓《あずさ》、栗、橅《ぶな》などの広葉樹である。塗料の漆液だが、これは漆木の樹皮を傷つけ、そこに染み出るわずかな樹液を丹念に集めて利用する。この液体は酵素反応で固まり、丈夫な塗膜を作る。❷漆椀製造には多くの人が関わるが、たとえばそこには木地師、塗師といった職人がいる。木地師は木から椀の形を削り出す人で、塗師は椀木地に漆を塗り重ね、漆椀として完成させる人である。❸技法についてだが、奈良時代から使われた手引き木工轆轤《ろくろ》は、現在では動力式になったものの、木地師が轆轤で木塊を回転させ、自作の刃で木地を削り出すという基本は変わらない。産地によって、木取り方法（縦木取り／横木取り）や、また轆轤に対する座り方など、技法が異なる。塗り関連の技法にも違いがあり、たとえば下地法の違いがあったり、塗装法の違い（刷毛《はけ》塗り／摺《す》り漆）があったりする。❹漆液は、縄文時代から日本の生活で使われてきた天然塗料である。木工轆轤の技術が平安時代頃に民間にも普及するにつれ、漆椀は庶民にも馴染みの食器となっていった（陶磁器が食器として一般的になるのはずっと後だ）。――このような背景を持つ漆椀が現在、私たちの生活の一角を成している。

この種のつながりを理解することが、道具を文化として知ることだろう。そのような理解をした人に対し道具は、彼がそれに触れるとき、ことあるごとに、それが持つつながりのあれこれを彷彿《ほうふつ》させるだろう。手仕事道具の使用を通じて、人は暮らしを自分のものと実感するのだと、私たちは述べた。私たちはその実感によって自分の暮らしと親密になるが、私たちは同時に、自分の身体で触れて使う道具とも親密になるだろう。だがここでもう一つ加えておきたいのは、道具と親密になることで、人は道具が示す諸々のつながりとも親密になれるということだ。つまり手仕事道具のインデックス性を通して、素材を提供する地域の自然、道具の作り手たち、伝承の知や技、先人の暮らし——これらが作り上げる全体を間近に感じ、その文脈のなかに自分の生を感じることになる。道具理解を伴う道具使用によって、道具が持つ、私たち自身の足元から広がる文化的、歴史的、風土的つながりのなかに——昔から続く人の暮らしの回路のなかに——自分の存在を感じるのであり、そう感じることで人は、世界のなかにオリエンテーションを得る（自己の所在を定位する）ことができる。グローバリゼーションが渦巻き、暮らしのさまざまなつながりがブラックボックス化し、自分の存在がどういう関係において成り立っているのかが見えにくい現代において、伝統的生活道具が与える等身大のオリエンテーションは、今後いっそう掛け替えのない人間の拠り所になりうる。

四　暮らしの明かりとしての道具の美

終わりに近づいてきたが、「美」に触れることで締めくくりとしたい。伝統的な生活道具の世界へ美という観点から分け入った代表的人物と言えば、民芸運動を率いた柳宗悦《やなぎむねよし》（一八八九－一九六一年）である。日々の生活道具の美しさとしては、主張の強い華々しい美でなく、毎日向き合っても疲れない、静かで渋みがある美が相応しい。柳はそのような日常の美について次のように書いている。

［……］生活の中に深く美を交えることこそ大切ではないでしょうか。［……］もしも吾々の生活が醜いもので囲まれているなら、［……］いつか心はすさみ、荒々しい潤いのないものに陥ってしまうでありましょう。［……］生活と美しさとを結ばしめる仲立は、実に用途のために作られる器物であります。（柳　一九八五、二三一－二三二頁）

美は大切だと、私も思う。美しいものは一般的に、その美しさによって周辺を明るくし、さらにそれを見る人の心も明るくするものだろう。生活道具が美しければ、それを使う暮らしの時間空間が明るくされるだろう。

柳は、当時美とは無縁と思われていた日常雑器の美に開眼し、その美をさらに高めることを生涯の仕事とした人である。雑器の美を擁護するのに、彼が持ち出すのが「直観」という概念だ。彼は「直観が美の認識の本質的要素」だと言う。それは「云わば概念以前であって」（柳　二〇〇六、九三頁。傍点追加）、またそれは、

何ものも介在させず直下に見るのだから、これを簡単に「ただ見る」といってもよい。ただ見るのが直観の働きである。［……］見るより前に知を働かす人は、決して見ているとはいえぬ。［……］知的理解と直観とは大いに異なる。（柳　一九八四、三二二頁。傍点追加）

器物の良し悪しはしばしば、工人の銘や権威者の評などで評価されてきた。しかし名工と呼ばれる人の作品が常によいのでなく、また逆に、名もない人の作品に美が宿らないとも限らない。だからあらゆる先入見を一切取り去って「直下に見よ」と柳は言うのである。そうすれば、顧みられなかった普通の生活道具にこそ、美が見えてくる、と。

だが器物の美は、本当にただ――知以前の――「直観」のみで認識される（べき）ものなのだろうか。

柳は直観を根拠に手仕事の美しさを称揚したが、彼は直観に留まらず、「なぜそれらのものが美しいかの理由」、「美しさをして可能ならしめたその原理」の解明にも力を注いだ。こちらは自覚的に概念的試みであり、その方法は、直観で選んだ模範的工芸品にその成り立ちを語らせる、というものだ。この試みの成果を柳は著作の随所で書き表わしているが、それはたとえば次のように紹介できるだろう（柳二〇〇五、六四頁以下参照）。すなわち正しい工芸品であるには、①用を持たねばならない、②それは特に日常の用でなければならない、③日用のものゆえ一品だけの作品であってはならない、④作り手の労働によるものでなければならない、⑤作り手は個人作家でなく民衆的であるべきだ、⑥作り手同士の協力がなければならない、⑦手仕事でなければならない、⑧天然材料を使うのでなければならない、⑨作り手が無心で作らねばならない、⑩作り手が徒《いたずら》に個性を出そうとしてはならない、⑪単純でなければならない。

これらの「美の法則」を守れば、生活道具も美を湛《たた》えるのだ、と柳は言う。これらの法則の有効性（それらは美の十分条件かまた必要条件か、等）を、私たちはここで考えることはしないが、しかし少なくとも、これらの法則は、美の製作を助けても、美の認識を助けるものではないだろう。というのも柳が言う美は、概念以前に認識されるものだったはずだからだ。美しいモノが、民衆によって作られたものか、手で作られたものか、自然素材で作られたものか──そういったことは工芸美の原因に関することで、後から知られることである。それらの知とは無関係に、美そのものは直観されるものであった。

私としては、手仕事の美は、知的理解以前の直観だけで認識されるものではないと思う。たとえば直観的美の原因となるもののなか──あるいは道具のインデックス性が示すもののなか──にも、それ自体が美しいものがあり、それを知ることで、その美がいわば道具を照らし、そのことによって道具に新たに加わる美しさというものもあるように思う。

実際、道具は見ただけではわからないことがしばしばある。たとえば漆椀は、漆で塗ってしまえばその下に何があるのか、「直下に」見ただけではわからないことが多い。最後の上塗りがいくら美しくても、素地はプラスチックかもしれない。途中まで合成塗料を使った機械塗装かもしれない。下地も手抜きのものかもしれない。こういったことが明るみに出れば、最初は見た目に美しく見えたものでも、その美しさは紛い物の醜さに転じるだろう。

他方、木地の素材を知っており、さらに素材の欅や栃の立木の美しさを知っていれば、椀のなかに彼らが姿を変えて隠れて在ることを、ありがたく思う。また使われている漆の産地を知っていれば、その地の明るい漆畑で青々と葉を茂らせる漆木の気配を、その椀が漂わせる。こういった知識は、モノをより美しくさせる。

そして製作の工程や、作り手の姿勢や技能を知ることも大事だ。職人の技の美しさというものがある。たとえば、形がないところに神技のように形を生み出したりする、作り手の滑らかで洗練された身体の動きに感動することは珍しくない。それに手仕事はしばしば、緻密な作業や失敗を許さない作業をひたすら繰り返す。そのような作業は忍耐や集中が必要で、それには乱れのない整った心がなければならない。さらには職人気質というものがあり、それは自分に納得がいかない仕事、自分に恥ずかしい仕事はしないという心がけである。——こういった技や心は一般的に美しいものとされるが、このような背後を知ることで、手仕事の美しさはよりいっそう映えるものと思われる。手仕事の美は、決して眼前の美に尽くされるのでない。眼前にないものを知らずしては見えない美、というものもあるのだ。

いずれにしても手仕事の美は重要だ。見てわかる美もあれば、知ることでこそ見える美もある。それらは互いに照らし合って光源を成し、私たちの生活に明るさを灯してくれる。

五　おわりに

手仕事道具をテーマに私たちが考えてきたことを、最後にまとめよう。自然素材を使い手で作った伝統的生活道具は、これからいっそう大切なものである。それらが生活に役立つということは言うまでもなく、第一に、それらが持つインデックス性というものがあり、それらを通じて手仕事道具はさまざまなつながりに私たちの目を開かせる。そこに見えるのは、人がこれまで自然と関わりながら生きてきた暮らしの道筋とでも言えるもので、手仕事はそういうつながりの世界を私たちに意識させる。第二に、それらは人と一体となって使われる道具であることによって、私たちの身体を起動させる。身体的であることは重要で、人は自分でそれらの道具を使うことで、暮らしに実感・親密さを得る。そしてそれだけでなく、手仕事のインデックス性が示す文化的つながりとも親密になる。古くから連続する人間の暮らしの根源のなかに、自分の生のオリエンテーションを得るのである。第三に、美は明るさをもたらす。手仕事道具に簡素で温かい美しさがあるなら、それは、それらを使う私たちの現在の暮らしを、また手中の道具からさかのぼることができるかつての人間の暮らしを、そしてこれからも同種の道具が伝わっていてほしい未来の人間の生活を、その明るさで、励ます。

《註》

（1）Lifestyles of Health and Sustainability（健康と持続可能性を重視するライフスタイル）の頭文字を取って表わされる（＝LOHAS）商業的コンセプト。

（2）菅野（一九九九）は、「慣習的記号 vs 自然的記号」という二項対立を絶対化することに懐疑的である。慣習（＝文化）と自然は互いに排他的なものでなく、「文化のなかに自然の呼び声を聞き取ること［、また］文化のなかに野性の思考を見いだすこと」（菅野 一九九九、一一頁）が重要だからである。この指摘は、私たちにも納得がいく。しかし菅野は自然的記号の概念を批判しつつも、それを「場合により便宜的に使用するのは許される」（菅野 一九九九、三二頁）ともしている。私たちとしては本文で示されるように、①消費社会的モノの記号的意味（人間の企図によるもの）と②手仕事道具の記号的意味（事実に由来するもの）には違いがあり、その違いを捉えるには、「慣習的記号 vs 自然的記号」の伝統的区別は便宜的に有効だと考える。

〔引用・参考文献〕

アチック ミューゼアム『民具問答集』アチックミューゼアム、一九三七年
沖浦和光『竹の民俗誌』岩波新書、一九九一年
菅野盾樹『恣意性の神話』勁草書房、一九九九年

デカルト『省察』井上庄七・森啓訳、『デカルト』〈世界の名著27〉中央公論社、一九七八年（＝Renati Des-Cartes, *Meditationes de prima philosophia*, 1641）

ハイデガー『存在と時間』第一巻、熊野純彦訳、岩波文庫、二〇一三年（＝Martin Heidegger, *Sein und Zeit*, 1927）

パース『記号学』〈パース著作集2〉内田種臣編訳、勁草書房、一九八六年

ボードリヤール『消費社会の神話と構造』今村仁司・塚原史訳、紀伊國屋書店、一九九五年（＝Jean Baudrillard, *La société de consummation, ses mythes, ses structures*, 1970）

前田泰次『現代の工芸』岩波新書、一九七五年

室井綽『竹』〈ものと人間の文化史10〉法政大学出版局、一九七三年

柳宗悦『民藝四十年』岩波文庫、一九八四年

柳宗悦『民藝とは何か』講談社学術文庫、二〇〇六年（＝初版、昭和書房、一九四一年）

柳宗悦『手仕事の日本』岩波文庫、一九八五年（＝初版、靖文社、一九四八年）

柳宗悦『工藝の道』講談社学術文庫、二〇〇五年（＝初版、ぐろりあ そさえて、一九二八年）

四柳嘉章『漆の文化史』岩波新書、二〇〇九年

ロック『統治二論』加藤節訳、岩波文庫、二〇一〇年（＝John Locke, *Two Treatises of Government*, 1690）

第3章 生命科学から考える「生きること」

島本太香子《しまもとたかこ》

一　はじめに——人間を見つめる二つの視点

この章では「人間が生きること」を、科学——特に生命科学——の視点から考えてみたい。

人間は、身体と精神（こころ）から構成され、感情や意思を持ち、他者との関係性を築く社会性を持ち、さらに直感や霊的な力をも持つ、総合的な存在であると私は考える。これらの人間の営みを探究するにはさまざまな視点と手法が存在するが、本章では人間を以下の二つの視点から考察する。

①**ヒト**　動物のなかのホモサピエンスという種、生物学的な存在

②**人**　感情、意識、意思などを持つ、生きる主体としての社会的・文化的な存在

（①と②は角度を変えて**人間**を見る際の呼び名と本章では定義する）

本章の目的は、①の視点——生命に関する科学的な理解——を中心に「人間が生きること」について考察することである。具体的には、科学的な思考や手法に基づいて明らかにされた生命現象の仕組みを解説し、生命科学で解明した知識を人間がどのように医療として活用してきたのか——今回は「生まれてくること」と「死ぬこと」に関わる医療に焦点を当てて——を紹介する。それを通じて、私たち人間の「生きている時間」の始まりと終わりとはいつなのか、を考えていきたい。

生命科学の最新技術を駆使していくことで、人間はこれまでにない新しい視野を得るとともにそこから生まれる葛藤と直面することとなった。その葛藤と向き合うとき、生命科学（①の視点）と、社会的、文化的な存在としての人間を研究する学問（②の視点）はお互いに対峙するだけではなく、異なる観点から見た人間の理解を統合していくことが必要である。

私たち人間は、日々理知的な判断を下しながら、自らの役割を果たし、ときに身体やこころの痛みを感じ、悲しみ、迷うこともある一方で、さまざまな喜びや充足を見出し生きている。

その様な限りある人間としての時間をどう生きるのか、私たちは自ら判断していかなくてはならない。そのためには、一人ひとりが「人間が生きること」を独自に理解し、さまざまな視点で多面的に人間を見つめる必要がある。そのどの視点も何らかの先入観や誤認識で濁らせてはならない。それには生と死に関する生物学的、医学的な正しい理解と知識を持つことも不可欠である。さまざまな角度から人間を見つめることにより、広い視野でより豊かな自分の「生きる時間」を創ってほしい。

二　生命科学の立場から人間を見つめる

私と生命科学との出会い

私が高校生であった一九八〇年頃、分子生物学が生命現象をＤＮＡやアミノ酸という分子レベルで解明する時代になっていた。生命現象の仕組みのすべてが分子同士の反応で説明されるならば、私の思考や意識、喜び、悲しみを作っているこの脳の活動も分子同士の反応の結果である。私は自分のなかのさまざまな人間らしい感情も分子の相互作用の総体であることに不思議さを感じた。

またその頃、親しい人びとの臨終を目の当たりにした私は、分子の反応の総体として成り立っていた生命が、その反応を終えて個体としての死を迎え、生命を持たない存在となる厳然たる事実を認識した。これらの経験は、私自身に生命をいかに理解すればよいのか、という疑問を投げかけた。いつか自分も目の前の小石と同じ無生物になるが、それまでの私の存在を可能にしている仕組み——私を小石とは違ういちあるものにしている仕組み——とは何なのか。生きている生物と、生きていない無生物の境界とは何なのか。私と小石を包括するような理解はありうるのか。これらの問いは、生命科学を学ぶ道を選び医師となった今も私が抱いている「生きているとはどういうことか」という根源的な疑問につながっている。

科学的に思考するとはどういうことか

科学とは広い意味では、「一定の目的・方法のもとに種々の事象を研究する認識活動、その成果としての体系的知識」と定義される。これには自然科学、社会科学、人文科学が含まれ、研究の対象や手法は違っても、客観的に示せる事実を把握・認識し、それを論理的に評価することによって知識を体系化する学問すべては「広義の科学」と考えられる。

しかし、本章では「狭義の科学」＝「自然科学」を科学として議論を進めよう。狭義の科学は「検証可能な説明とそれから論理的に予測できることという形で、森羅万象についての知識を築き体系づけようとする活動」と定義される。認識活動が「科学的」であるためには、以下のような要件が考えられる。

①客観的に検証可能であること　科学的であるためには、自説を提案するだけではなく、その説の正否を実験あるいは観察で検証することが要求される。

②論理的予測ができること　科学における予測とは感覚的なものではなく、仮説に基づき知識や事実から論理的に導かれる予測である。

③結果を再現できること　観察や実験の結果が科学的に正しいと認められるためには、その結果が一回だけでなく、第三者による再試ででも同じ結果が得られる必要がある。

すなわち、科学的に正しいと認められるための必要条件は、実験による検証を経ること、再現性が担保されることである。

生命科学とは何か

生命科学は、生物を対象とする自然科学の一分野で、生物学、医学、薬学、農学等を包含する学問分野である。生命科学は古典的な生物学に起源があり、元来はファーブルの『昆虫記』に代表されるような生物の生態を詳細に記述しようとする博物学的なものであった。つまり、物理学や数学のような法則や定理にもとづく演繹《えんえき》的な手法で進められる学問に対して、生物学は経験的な事実の収集、帰納的な手法の学問であるという違いがあった。

しかし、十九世紀半ば以降、生物学は次第に、単なる事実の収集から、生物の機能や生命現象の仕組みや法則を解明する方向に向かってきた。さらに、近年は、個別の生命現象の仕組みを解明するだけでなく、人間の病気の仕組みを理解し医療に応用し、人を救う治療法の開発を目指す方向に舵を切っている。また、社会や地球環境をも含めた他領域との統合による研究が進められている。

人間を対象とする生命科学である「医学」の特殊性

医学は「生体（人体）の構造や機能、疾病について研究し、疾病を診断・治療・予防する方法を開発する学問」（広辞苑）とされ、現代では医学は生命科学の一分野とみなされている。しかし、歴史的に医学がたどった道筋は、自然科学がたどった道筋と異なるものだった。

「医」あるいは「医療」は、科学よりもはるかに昔からあった。人体の構造や機能、病気を理解し診断、治療することは何千年も前から人間が求めてきたことである。しかし、それは数世紀前までは経験に頼るところが多く、非科学的な要素を多く含んでいた。たとえば、瀉血《しゃけつ》という人為的な出血で体内の有害物質を排出させるという治療法は、科学的な根拠なしに十九世紀まで盛んに行われ、この医学的に無意味な手技により多くの人が命を落とした。

しかし、人体の機能と疾病の解明には、科学的方法や論理が必要であることが認識され、有効な医療を行うために医学は科学とより密接な関係を持つようになった。そして、現代では病気の治療は、医師の個人的経験や権威者の推奨でなく、科学的に得られた定量的データに基づいて行われるようになってきた（evidence-based medicine 科学的証拠に基づいた医学）。

このように、医学は科学と融合する方向に向かってきたが、医学は人の痛みや苦しみの解決を目的とする「医療」と密接につながっているという特殊性がある。医学は、人間の尊厳や主体性を前提として、個々の人間がその生を全うするためのサポートを目的としていることから、単なる科学の一分野にはとどまらない高い倫理性や自己規制が要求される。一九六〇年代、人間を対象とした研究の倫理的な妥当性について検討を行うために生命倫理学という学問分野が生まれた。臓器移植に関する脳死の判定、生殖補助医療、出生前遺伝子診断、実験動物の人道的取り扱い、などの多様な問題が現代における生命倫理学の対象である。生命現象に関わる研究は飛躍的に進み、その成果である科学的な知見を人間の生命に関わる技術として活用する際に、その技術を患者に提供する医学や医療の研究者だけでなく、さまざまな分野の研究者も加わり社会的な議論をする必要が生じるところまできたのである。

現代において医学は科学に含まれるものであり、それを正しく発展させより進んだ医療という形で実践するためには、科学的方法、論理、理解を用いることが不可欠である（ヒトの視点）。しかし、医学はその成果が個人の健康・幸福に資するものでなければならないことが、他の科学分野とは異なり、異なるものでなければならない（人の視点）。すなわち、病気を対象とすることにおいて医学は科学的であるべきだが、人間を対象とする際には科学的であるだけでは足りないのである。

三　生きているとはどういうことか

生物と無生物は何が違うのか

あなたは「生きていること」をどう定義するだろうか。ここでは生命科学的に「生きているもの」＝「生物」、「生きていないもの」＝「無生物」と分けて考え、両者の違いを考察してみよう。それは「ヒトが生きている」とはどういうことかを理解する手がかりとなる。生物に見られる特徴を以下に示した。

①自己複製する

生物のもっとも大きな特徴は、子孫を残すことである。目の前の小石は、風化などの変化はしても、新たに個体を創出することはなく、そこにそのまま存在し続けるだけである。これに対して、生物は一つの個体が消滅しても、その生物自身の全部または一部を、子孫つまり次の生物へ自己複製という形で引き継ぐ。この複製のために存在するのが遺伝物質ＤＮＡであり、人間も昆虫も細菌も、同じ化学的構造から構成されている。このように生物は、自分の存在を次世代に託せるという特徴を持つ(1)。

②細胞という外界と仕切られた構造からできている

生物は、細胞という構造からできており、細胞が生物の最小単位である。一つの細胞で一つの個体として存在するものを「単細胞生物」、多くの細胞が互いに機能分担をして一つの個体を形成しているものを「多細胞生物」と呼ぶ。多細胞生物は、個々の細胞が一つの細胞としても生きているが、周囲の細胞同士がお互いに情報を出し合い協調して、人間と同じように「細胞社会」を作っている。

細胞構造は生命にとって本質的なものである。なぜなら、細胞という構造があることで、外界から隔絶された環境を作り、その内部で物質もエネルギーも拡散させずにとどめて、独自の化学反応を起こすことが可能になるからである。

③環境からの刺激に応答する

生物は周りから受ける刺激に反応、つまり環境に対して応答をする。②で述べた細胞を包む細胞膜に存在するレセプター（受容体）が、外からの刺激を受信して細胞内の化学反応を引き起こし、細胞として必要な反応をする。

④エネルギー物質を合成して生活・成長する

細胞が活動するにはエネルギーが必要である。そのエネルギーを合成するために生物は代謝（物質の合成と分解）を行う。

たとえば細菌は、以上の①〜④の要件を満たしている。細菌は細胞という独自の仕切られた空間を構成し、自己複製し、環境の刺激に応答して増殖する。これに対して無生物、たとえば小石は自己複製をしないし、その内部で外界と異なる独自の化学反応を行うこともない。外界の温度が下がればそれに応じて小石の温度も下がり、環境から刺激に能動的に応答することもない[2]。

「人間が生きていること」を定義する難しさ

細胞レベルの生と死は、前述のように定義可能である。しかし、「人間」の生と死を、万人の共通理解の上に定義することは容易でない。

本章の冒頭で示した二つの視点から考えても、①生命科学的なヒトの「個体の生と死」をどう考え定義するか、②社会文化的な「人」の存在をどう考え定義するか、という点から吟味する必要があり、このためには、生物学的にだけでなく哲学的、宗教的、法的などさまざまな立場からの議論が必要となる。また、②の「人」について考える際には、本人だけでなく周囲の人間との関係性のすべても含まれる社会的な議論も必要である。

さらに、私たち人間の生きている社会の変化も考慮しなくてはならない。なぜなら時代により文化や生活に関する価値観は変貌していくものだからである。科学技術が進歩することにより、生まれてくること、死んでいくことの概念が伝統的な価値観とは大きく変わってきている。また医療体制や生活様式等の変貌から、生や死を身近な現実の事象として経験することも少なくなってきている。

これから、現代の人間の生と死に関わる最新の科学技術と、その発展がいかに生と死の考え方に課題を投げかけているのかを概観する。それらを踏まえ最後の節で、人間として生きることについて再考しよう。

四　どのように人間は生まれるのか、どこから人間が始まるのか

あなたの最初の一つの細胞

人間はいつ「生まれる」のだろう。日本の法律上は、あなたは出生時――母親から生まれたとき――から戸籍に登録され、法的に一人の人間として存在を始める。しかしあなたは母親の子宮のなかに胎児としてすでに存在していた。そのように存在をさかのぼっていくと、あなたが最初にこの世に一人の人間として存在し始めた瞬間はいつなのかという疑問に行きつく。細胞レベルで考えれば、あなたの存在の最初

は、一つの受精卵であった。あなたに固有の遺伝情報がこの世に存在し始めたとき、つまり受精卵が誕生したとき、あなたは生まれたとも言える。

次世代を作る妊娠の仕組み

自然な妊娠で受精卵がつくられ育つ過程を、図に示した（図1）。女性の卵巣から排卵された卵子が、卵管内で精子と出会い受精卵がつくられ、その受精卵が胚に育ち子宮内膜に着床する。胚は胎盤を形成し、成長し胎児となり出産にたどりつく。この過程のいずれかに支障があると、人間は誕生できない[3]。子どもを望むのに子どもに恵まれない場合を不妊症と呼び、この克服のために、二十世紀後半からさまざまな医療技術が開発され、「生殖補助医療」という新たな医療分野が発展してきた。

受精卵を作る体外受精という技術

一九七六年にイギリスのエドワーズが初めて人間で成功させた体外受精という技術は、女性の卵子を腹腔鏡で体外に取り出し男性の精子と受精させ、受精卵を胚まで育て、女性の子宮に戻し妊娠を成立させ出産する方法である。この技術の開発により、これまで女性の体内で起きていた受精卵の誕生を、体外で人為的に起こすことが可能となった。

卵子、精子、子宮という三つの要素で人間が生まれる

一人の人間が誕生するには「卵子」「精子」「子宮」の三つの要素が必要である。何らかの理由でこれら

の三要素を夫婦間で満たせない場合、第三者に補完してもらうことで子どもを得ることが可能となる。

子どもを望む当事者である夫婦以外に、第三者が三つの要素の一部あるいは全部を担うことで、子どもを授かれるようになれば、生まれた子どもにとっては「誰が自分の父親、母親なのか」という自分の存在の根幹に関わる疑問が生まれる。父親は、養育上の父親と別に遺伝的な父親の「二人の父親」、母親は、養育上の母親とは別に遺伝的な母親、さらには別の産みの母親が存在する場合もありえるので「三人の母親」がいることが起きるのである。これらのことは、妊娠出産、親子、兄弟姉妹、家族、父性母性などの意味そのものを大きく変えていく可能性がある。以下に現在実施されているさまざまな生殖補助医療の技術や方法、またそれに伴って生じる課題を示す。

①精子の提供と操作

ⓐＡＩＨ（配偶者間人工授精 artificial insemination with husband's sperm）：夫の精液を採取して、必要な処置をしたのち人工的に子宮に注入する方法である。受精方法は人工的だが、親子関係は通常の妊娠、出産と変わらない。

ⓑＡＩＤ（非配偶者間人工授精 artificial insemination with donor's sperm）：第三者の精子を、人工的に子宮に注入する方法である。子どもの「遺伝的な父親」は「養育上の父親」と一致しない。親にはＡＩＤの事実を生まれてきた子どもに知らせるかどうか葛藤

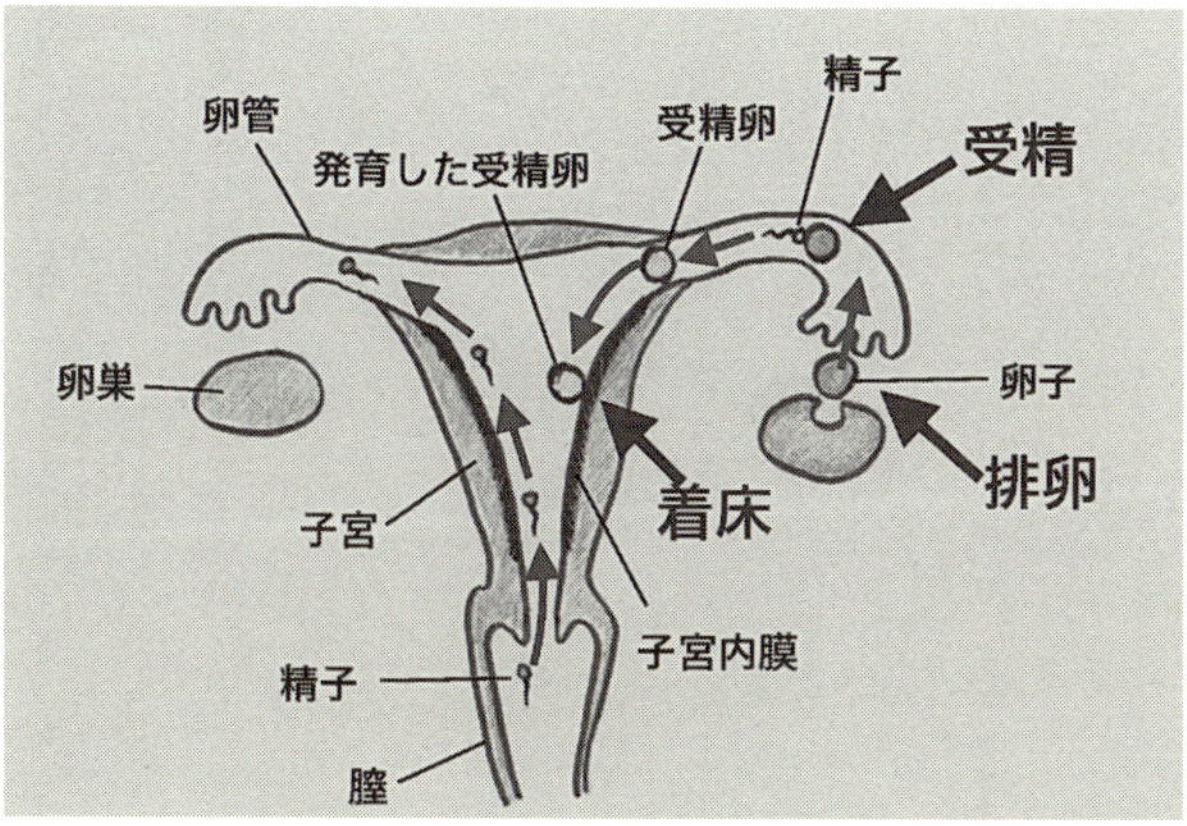

図１　ヒトの受精と着床のメカニズム

があり、たとえ知らせても、精子提供者が匿名である限り、子どもは自分の遺伝上の父親を知ることができない。近年は病気の治療や健康管理のために遺伝的な情報が活用されるが、ＡＩＤで生まれた子どもは、それらの情報を得られない。また同一提供者の精子が複数の不妊症の夫婦に提供された場合、生まれてきた子どもたちは、遺伝的には異母兄弟姉妹となる。

②卵子の提供

卵子は腹腔鏡下で卵巣から採取される。妻の卵子を体外受精に使用する場合、受精卵を子宮に戻した後の過程は、従来の妊娠出産と変わりない。しかし第三者から卵子提供を受ける場合、「遺伝的な母親」と「養育上の母親」は一致しない。卵子の提供者が匿名であれば、生まれてくる子どもが自分の遺伝上の母を知ることができない。同一提供者の卵子が複数の不妊症の夫婦に提供された場合、異父兄弟姉妹が生まれることとなる。卵子提供には、精子提供と違う生物学的・医学的な背景から生じる次のような問題がある。

ⓐ卵子は老化する。女性の年齢が上がると妊娠率は低下するが、それは卵子の数が減少するからだけでなく、卵子の質が低下（妊娠する機能を失う）からである。

ⓑ卵子提供する女性の身体には、薬剤投与や採卵の手技による、負担と危険が加えられる。

ⓒ卵子提供で高齢の女性の妊娠が可能となると、高齢による出産の合併症の危険性が高まる。

日本では、卵子の提供に関する国の法律はないが、日本産科婦人科学会がこれらの理由から卵子提供を規制している[4]。

③子宮の提供

子どもを望む夫婦が妻以外の第三者に妊娠と出産を代わって行わせる方法は「代理懐胎（代理母）」と

呼ばれる。夫婦の体外受精で得た受精卵を第三者が妊娠出産する場合を考えると、「遺伝的な母親（卵子を提供する女性）」と「養育上の母親」は一致するが、「妊娠出産する母親（受精卵を育てる女性）」だけが一致しない。

日本では「分娩という客観的な事実によって母子関係が確定できる」という従来は自明であった考えのもとで、法律上「産んだ人が母親」となる。よって代理懐胎で生まれた子どもの戸籍上の母親は、遺伝的な母親でもなく、出生後養育していく母親でもなく、分娩した第三者の女性となる。

妊娠出産は、生物が生命を賭して営む行為であり、妊娠出産後の健康生活に大きな影響を残す可能性もある。代理懐胎とは、この大きなリスクを、子どもを持ちたい夫婦が、第三者に負担させる行為である。そのため現在、日本産婦人科学会は「身体的危険性・精神的負担」を理由に、代理懐胎を認めていない。

④受精卵の提供（受精卵養子）

体外受精を受けた夫婦が、使用しない自分たちの受精卵（多くの場合「余剰胚」として凍結保存される）を廃棄せず、第三者に提供する場合がある。受精卵は子どもを望む第三者の不妊の夫婦の妻の子宮に着床し、妊娠を経て出産に至る。子どもには、「養育上」「遺伝上」の二組の両親が存在し、受精卵を提供した夫婦の子どもとは、遺伝的な兄弟姉妹の関係である。この方法で生まれた子どもは、受精卵の時点での養子縁組とみなすことができる。

受精卵の提供の場合、卵子提供で生じるような提供者の身体的なリスクの負担は新たに発生しない。そのことから日本では厚生科学審議会の専門委員会は、不妊治療において第三者の卵子提供が必要な夫婦が、受精卵の提供を受けることは認めてよいのでないか、という答申を出している。

体外受精から派生した技術とそれらが提起する課題

①個体の生命と時間的連続性がない生命の誕生の可能性

体外受精の技術により、精子、卵子を凍結保存しておけば、いつでも受精卵を作り、新しい人間を誕生させる可能性ができた。つまり、精子、卵子の持ち主が死亡したあとでも、その人間の精子、卵子はいつでも死んだ人間の細胞として生き返り、しかもその遺伝子を引き継いだ新しい生命を生み出しうるということである。米国では死後間もない男性の精巣から精子を採取し凍結保存しておき、妻がその精子を用いて数年後に妊娠出産した事例がある。亡くなった息子の精子を採取して凍結保存することで孫を持ちたいという事例もある。

②着床前診断――どのような人間になるか未来を予見する技術

体外受精で得られた受精卵が卵割を始め、四細胞または八細胞になった段階でそのなかの一つの細胞を取り出しても、その後の発生に影響はない。そのように取り出した一つの細胞の染色体や遺伝子の異常の有無を調べることを、着床前診断(5)という。これにより受精卵が母体で育つ前に、どのような人間になるかをある程度予見できるようになった。性別や疾患の有無などを調べられることから、この技術は、男女の産み分けや望みの受精卵だけを選ぶという、生命の選別や差別につながると、その使用に慎重な意見が多い。日本産婦人科学会は、この方法を重篤な遺伝性疾患や習慣性流産の夫婦に限り認めているが、国の規制はない。海外では、重い血液疾患を持つ兄姉と免疫の型が一致する受精卵を着床前診断で選び、その弟妹を出産し病気の兄姉に輸血する治療が行われた例がある。

③遺伝子組換え――望みの要件を持つ子どもをつくる可能性

遺伝子の組換え技術が可能となり、疾患の治療のために人工的に遺伝子を発現させる遺伝子治療の概念が生まれた。現在、遺伝子の操作は体細胞のみ（生殖細胞以外）に限定され、遺伝子の変化は子孫には伝えられない。受精卵への遺伝子導入も禁止されている。もし受精卵の遺伝子操作が実施されたなら、望みの遺伝的要件を持つ子どもを誕生させることが可能になる。

人間の誕生に関わる医療のこれから

①生殖補助医療の規制と社会文化的背景

世界では生殖補助医療の規制のあり方は、それぞれの国の政治体制、宗教、医療の供給体制により異なる。ヨーロッパでは、法律やガイドラインの制定が進められており、生殖補助医療を法的に規制している国が多い。アメリカは自己決定権や幸福追求権という個人の自由を尊重した自由主義理念に立ち、生殖補助医療に関する国レベルの法規制がなく、各州法や裁判所判決に委ねている。

日本は、生殖補助医療がもっとも多く実施されている国であるにもかかわらず、国の法律による規制はなく、生殖補助医療を実施する専門家の組織である日本産科婦人科学会の自主規制に任されている。医療技術の活用を日本では国としてどう受け入れ扱っていくのかを検討し、社会全体で方向を決めていく必要があると思われる。その際には、生殖補助医療が一般的な医療と違う以下の点に留意が必要である。

②生殖補助医療の特殊性

ⓐ新しい生命の誕生がある：一般の医療は患者本人が治療を選択し、医療者がその医療を提供することで

医療行為が成立する。しかし生殖補助医療では、子どもは医療行為がなされる時点ではまだ存在せず、子を望む両親の自己決定に基づく医療行為であっても、生まれてくる子ども本人の同意を得ることはできない。

ⓑ医療行為がなされる時点では存在しない子どもの福祉を守る体制が必要：妊娠と出産は、生まれてくる一人の人間の存在の出発点であり、子どもが将来直面する出生後の法的な地位、親子関係、社会状況等に関する社会的考慮が必要になる。

ⓒ生殖細胞（精子、卵子）の人為的な操作の安全性の検証が必要：体外受精は日本では年三十万件以上行われており、その基本的な安全性は確認されている。しかし、生殖細胞の人為的操作の影響が次世代以降に継続する可能性については、現時点で解明されていない。日本産婦人科学会は、生殖補助医療を受けた患者とその子どもの長期予後の検証を二〇〇七年から始めている。

ⓓ「子どもを持ちたい」という個人の望みはどこまで認められるべきか：患者本人で完結する一般の医療では、患者自身の希望や幸福、自己決定権が最大限に尊重される。しかし生殖補助医療では第三者の人権、生まれてくる子どもの人権が関わってくる。夫婦が子どもを持ちたいという幸福追求権と自己決定権は保証されるべき絶対的な権利なのか、子どもをつくることは保証されるべき基本的人権なのか、という未解決の問題がある。

③人工妊娠中絶の規制（どこからを人間と考えるか）

人工妊娠中絶が認められるか、いつの時点まで可能なのかについては、医学的見地（未熟児の生育限界、母体の負担）だけでなく、妊婦本人・家族の意思、法的・社会的宗教的な解釈など、選択のあり方が、さまざまな立場から議論されている。そこでは、どの時点を人間のはじまりと考えるかが論点となっている。

子どもを持つこと（自己複製、次世代を作る）の概念の変貌

自己複製、次世代を作ることが生物の特徴であったが、生殖補助医療の技術を用いれば、生殖行動によらなくても新しい生命を誕生させることが可能である。得た子どもが自分の遺伝子を引き継がない場合もある。出産をしなくても自分の遺伝子を引き継いだ子どもを得ることができる。後述の再生医療が進展すれば理論上、精子、卵子という配偶子も必要なくなる。人間がヒトとしても、人としても「子どもを持つ」という概念が従来と変わろうとしている。

五　生と死が交錯する医療――臓器移植と再生医療

新しい医療技術を用いることで、個体としての人間が死を迎えても、その体の一部が他の人間に生を与えることができる。脳死の患者から心臓移植を行うことは、脳死の患者（ドナー）には引き返すことのできない確実な「死」を、一方で移植を受けるレシピエントには「生」の可能性をもたらす。この節では、生と死が交錯する臓器移植と再生医療の現状から、私たち人間が得た生命に対する新しい視野とその課題について見ていこう。

臓器移植という治療法

臓器移植は、病気や事故によって自分の臓器（心臓や肝臓など）が機能しなくなった場合に、他者の健

康な臓器を移植して、機能を回復させる医療である。移植が残された唯一の治療法となっている患者も少なくはなく、実際多くの病める人が、移植医療により救われている。

臓器移植は、他者の臓器を受け入れることで成り立つ治療法である。しかし、ヒトの体には自分自身とは違う物質を識別し、それを排除する機構がある（免疫）。そのため、他者からの臓器を「自分とは異なる異物」として認識する免疫システムが働くと、拒絶反応を起こしてしまう。これを防ぐために臓器移植後には多くの場合、免疫抑制剤が用いられる。

①生体移植

健康な家族などからの肺・肝臓・腎臓などの部分提供を受けて行う移植を、生体移植という。生体移植は健康な人の体に侵襲を加えるというドナーへの負担を伴う。

②死者からの臓器移植

亡くなった人（脳死を含む）からの臓器移植は、日本臓器移植ネットワークによる提供を受ける人（レシピエント）と提供する人（ドナー）の調整のもと実施される。

ⓐ心停止後の死者からの移植：心臓死による死者からの臓器移植は、手術室のある病院で実施される。

ⓑ脳死者からの移植：脳死者からの臓器摘出・臓器移植は、『「臓器の移植に関する法律」の運用に関する指針』により指定された約八五〇の病院に限られている。法的脳死判定は、脳死者からの臓器提供を前提とした場合にのみ行われる。心臓死の死者から腎臓・膵臓《すいぞう》・眼球を摘出する場合や、脳死であっても臓器を提供しない場合は、法的脳死判定は行われない。脳死についての詳細は、次節で述べる。

再生医療の誕生――ES細胞、iPS細胞

生体移植、死者からの移植のどちらも、他の人間から臓器を得る必要があるため、免疫機構により発生する拒絶反応という医学的な問題のみならず、倫理的、社会的な問題が避けられない。これらの問題を乗り越えるために、いわゆる「再生医療」は、移植する組織や臓器を他者から得るのでなく、それらを「試験管内」で培養細胞から作り出し、移植に用いることを目指すものである。

①ES細胞

ES細胞は、動物の受精卵が「胚盤胞」と呼ばれる段階まで育った時点で、細胞の一部を取り出し、培養することで作り出される。ES細胞は、どんな細胞にも分化できる多能性を持ち、そのことからヒトES細胞を必要な細胞、組織、臓器に分化させ、それを患者に移植して治療するという「再生医療」が考案された。

ES細胞を用いた再生医療の最大の問題点は、その作製にヒトの受精卵を必要とすることである。カトリックの教義では、受精の瞬間に人間の生命が成立するとされており、受精卵を壊してES細胞を作製することは、教義上、大きな問題がある。この考えからアメリカでは、キリスト教右派からの支持を受けたブッシュ政権の時代に、ES細胞の研究に厳しい制限がかけられ、研究がほとんど休止状態となったことがある。このように、生命としての受精卵の保護か、あるいは再生医療による患者の救済の可能性か、考え方の違いが国の政策を左右することすらある。(6)

②iPS細胞

卵子も受精卵も壊すことなく、ES細胞と同等の多能性を持つ細胞が作り出された。山中らが二〇〇七

年に人間の皮膚の細胞に四種類の遺伝子を導入することで作ったinduced pluripotent stem cell（iPS細胞）である。iPS細胞には、ES細胞では避けられない「受精卵の破壊」という倫理的な問題がないこともあり、二〇〇七年以降爆発的に研究が進み、二〇一二年の山中伸弥教授のノーベル賞受賞に至った。iPS技術では患者自身の細胞から多能性の細胞が作られるので、拒絶反応の問題のない再生医療につながることが期待されている。一方、iPS細胞の問題点は、その作製に用いられる遺伝子が細胞をがん化させる可能性があるということであり、この点に関する安全性の確保のため研究が進められている。iPS細胞からは、精子、卵子という生殖細胞を作ることも可能である。日本では指針により、ES細胞やiPS細胞から生殖細胞を作る研究自体は可能になったが、受精は禁止されている。受精が許されれば、一人の男性あるいは一人の女性から精子と卵子の両方を作り、それらを受精させて一人の人間を作り出すことが、理論上可能となる。

科学が生む新しい視点と課題

このように、生命科学の進展で、人間は従来とは違う新しい「生と死」への視点を持つことになった。また生物の要件である次世代を生む生殖についても、これまでにない選択肢を手にすることとなった。iPS細胞から生殖細胞を作製すれば遺伝的父親と遺伝的母親が必要なくなる。

人間の「生」の定義とは何か、人間の「死」の定義とは何か、人間が「子どもを持つこと」の意味とは何か、など、私たちはこれまでにない新しい課題に向き合わなくてはならなくなってきている。

六　生きていることの終わりとしての死

細胞レベルでは常に死が起きている

「生きているもの」の要件を前述したが、一つの細胞はそれらの要件を満たさなくなれば、死を迎えたことになる。実際、私たちの体を構成している細胞は、常にいまの瞬間も次々と死んでいる。細胞死により新しい細胞に入れ替わり、この入れ替わりスピードは臓器により異なる。血球系や消化管の細胞で考える限り、人間は、出生時の細胞とはすっかり入れ替わった、まったく違うヒトになっているとも言える。

個体を構成する細胞の死は、毎日起きている。[7] その新旧交代によって、個体全体としての生が成り立っているのである。では個体そのものの死である「人間の死」とは何か、次に考えてみたい。

人間の死を定義する――脳死・心臓死とは

①心臓死――伝統的な死

心臓が停止すると、体の血流が止まり、体が冷たくなる。伝統的に医師は心停止をもって死を判定し、心停止の時刻が法的な死亡時刻とされてきた。死を確認する三つの兆候とは、ⓐ心拍の停止、ⓑ自発呼吸の停止、ⓒ瞳孔散大である。

②脳死――脳が不可逆的に機能を失った死、心臓は動いている死

「脳死」とは脳の機能が不可逆的に消失した状態をいう。[8]「不可逆的」とは、一旦その状態になると脳が

生きていた元の状態に返ることはない、ということである。

人工呼吸器がなかった時代は、事故や脳出血などが原因で脳が重篤な障害を起こし機能しなくなると、脳（脳幹）のコントロール下にある心臓も早晩止まってしまうので、「脳死＝呼吸停止＝心臓死＝個体死」として、現実的な問題はほぼなかった。

しかし、人工呼吸器の使用により、脳が機能を喪失しても呼吸や心拍を維持できるようになると、脳の機能喪失（脳死）と心肺の機能停止（従来の個体の死）のあいだに乖離が起こりうるようになった。つまり、脳が死んでも、人工呼吸器をつければ血液（酸素）を体中に送ることができるので、数日間は心臓も動き続けることができ、その結果、身体は温かく脳以外の臓器や細胞は生きたままという状況が起こるようになったのである。この状態を個体の死と考えるか否かが、脳死に関する大きな問題となった。

脳死をめぐる論争

脳死をめぐる議論は、一九六〇年代後半より欧米を中心に起こった。

脳死を積極的に個体の死と考える立場からは、①人工呼吸器で生かされている状態は人工的なもので、本来の個体の生とは言えない、②人間が人間であるゆえんはその人独自の思考、感情、意志などの精神活動を持つことにあり、精神活動を司る脳が死ぬことは個体の死に等しい、③脳死を個体の死とすれば、臓器移植がより広く行える（臓器移植で救われる人が増える）――などの考えが示された。

他方、脳死を個体の死とすることに反対の立場からは、①心臓死は古くから誰もが死と認識できるのに対し、心拍と呼吸があり身体が温かい「脳死」の状態は、誰もが死と認識できるものではない、②死の判定が恣意的になる可能性があり危険、③脳死を個体の死と考える医師たちは臓器移植を推進したいだけだ――などの考えが示された。

これらの議論の結果、アメリカでは一九八一年に脳幹を含む全脳機能の不可逆的停止（＝脳死）によって個体の死を判定することを認める方針が示され、これに引き続き、従来の死の判定に加えて脳死による死の判定が法制化された（すべての死の判定が脳死基準によってなされるようになったのではなく、大部分の死の判定は従来の判定によってなされている）。

日本においては、一九九二年に臨時脳死及び臓器移植調査会（脳死臨調）が、脳死を「人の死」とすることは社会的・法的に妥当との見解を示した。これに従い、一九九七年に臓器移植法が成立し、脳死で臓器を提供する場合に限り、法的脳死判定を行い、脳死を人の死とすることになった。

脳死後の臓器提供に対する意思表示

日頃、死を意識していなくても、脳死を身近に感じる瞬間がある。それは、運転免許証などを手にしたときである。私の経験から考えてみよう。

私は、免許更新で新しい運転免許証を受け取ったとき、裏にある臓器提供意思の欄を読み、脳死の段階で臓器を提供してもいいと考えた。しかし、高校生の息子たちに話したところ、「臓器提供が患者を救う意義は理性的には理解しているが、やめてほしい」と言った。

私自身が脳死段階で臓器を提供する意思があると明示していた場合、彼らに臓器提供の同意が問われる[9]。もし同意すれば、彼らは心臓が止まるまで私を見守ることはできず、私は身体が温かいうちに彼らの前から持ち去られ、臓器が取り出される。移植された臓器は私が死んだ後も、誰かの体の中で生き続ける。一方で、もし彼らが同意しなかった場合、脳死の判定は行われない。彼らは私の心臓死まで私を見守れるが、後日、私の意思を叶えてやれなかったことを悔やむかもしれない。

息子たちはこの一連の現実とそれに伴う葛藤を、いまは冷静に受け入れる自信がないということであろう。彼らにとって、私の死は心臓死として受け入れるもの、心臓が止まってしまえば諦められる、ということなのかもしれない。

死後を他者に委ねるのか、本人の権利なのか

このように脳死による臓器移植は、「自分にとっての自分の死」だけでなく「他者にとっての自分の死」のあり方を考える必要を生んでいる。死者への心情が残された人間のなかに残ることは、人間の精神への影響として古くからある。しかし現代の人間の死にはそれ以外に、個体として死ぬことによって存在を失うだけでなく、残された周囲の人間に「死」の判断を委ねる場合がある。また個体が死んだ後も、臓器のレベルでその個体の一部は生き続け、残された人と関わり続ける場合がある。

「臓器提供に対する意思表示」の運用はどの国でも難しい問題である。これは個人の肉体に関して誰がどこまでの権利あるいは影響力を持つべきものなのかという価値観とも関係しており、日本では家族の意向や希望の重みが大きい。実際、日本では、本人に明白な臓器提供の意思がある場合でも、家族が提供に同意しなければ脳死による死の判定はなされず、治療が継続される。一方、米国の多くの州では、ドナーカードなどで臓器提供の意思が明確に表示されていれば、家族がこれを無効にすることはできず、家族の

反対があっても脳死判定および臓器の摘出を行うことが法的に可能である（ただし、実際問題としてはアメリカでも、家族が強硬に反対すれば無理に臓器摘出は行わないこともあるということである）。

脳死は人間の死か——二つの視点から考える

①脳死はヒトの死であるか——生物学的な事実をどう判断するか

もし人間を他の動物と同様に考えれば心臓の停止（心臓死）が死であり、脳死状態の患者は、「死につつあるがまだ死んでいない」、「ヒトとしてはまだ生きている」状態と言える。しかし、脳幹を含む全脳の機能が喪失した脳死状態は、個体としても不可逆的に死へ向かうことが決まった状態でもある。人工呼吸器を用いても、この状態から回復することは（少なくとも現在の医療技術では）ありえない。

つまりヒトの死を定義するとは、生物学的な事実と臓器の機能をどう評価するか、また機能の停止をどこで線引きをするか、を判断することである。

②脳死は「人」の死であるか——人間の存在の価値をどう判断するか

この問題は、「人」をどう定義するかで判断が変わるだろう。たとえば「人」をいわゆるパーソン論の「人格」と捉え、人間的な諸権利が保証される存在と定義した場合、脳死患者の本人の意思に反して治療を中止し臓器を摘出することは生命権の侵害となる。しかし、脳死患者をもはや「人格」を失った存在とみなせば、すでに生命権はなく、人格のある時点での本人の意向は十分に尊重されるべきではあるが、家族の意向などにより治療の中止や臓器の摘出は可能となると考えられる。またすでに人特有の精神活動を行う脳が死んでいる状態は、「人として死んでいる」とみなせるかもしれない。

①と②の論議を踏まえて、人間の死を定義することは、人間の存在をどうとらえ、どう判断するかと同じであるとも言えよう。人間の存在のとらえ方はさまざまであり、日本では、脳死についての議論は続いている。[10]

七　結　語

人間の生の里程——いのちの名前

人間の生命の始まりと終わりを年表にした。

■人間の生命の段階の名称

受精卵	受精
胚	受精後7日頃　着床、胎盤形成開始
胎芽	受精後2週　原始線状形成
胎児	受精後6週（妊娠8週）（口絵写真3）
	妊娠22週0日　これ以後の分娩を「早産」これ以前は「流産」
新生児	出生（口絵写真4）
	乳児　幼児　児童　生徒　学生　青年　実年　老年
健康寿命	
脳死	
心臓死	
すべての細胞の死	

受精卵は人間の最初の一つの細胞である。受精卵は細胞分裂を始め、内部に広い空間が形成され胚盤胞となる。受精後七日目頃、胚盤胞は子宮に着床し胎盤形成をする。受精後二週頃原始線状が形成されるが、第五節でも述べた通り、体外受精で得た受精卵のうち使わないもの（余剰胚）でもこの時点以降は研究に用いることができない。胎児が母体の外に出て自力で生育できる限界については、現在の日本の法律で

は妊娠二十二週とされており、人工妊娠中絶が認められるのはこれ以前までである。母体から生まれ出るときが戸籍上のその人間の存在の始まりである。こうした節目のどれを「人間の生」の始まりとするのかは、医学的、法的、宗教的、社会的にそれぞれの考え方が存在する。

「人間の終わり」についても、同様に異なった考え方が存在することは第六節で述べた通りである。しかし、「生の始まり」と異なっていることは、私たちは自分の生まれることを自分では決められないが、自分の死の定義については、それを脳死の時点とするか、心臓死の時点とするか、自分で選ぶ機会が与えられているということである。もしあなたが日頃、実感を持って死を見つめたことがなければ、運転免許証や医療保険証の裏にある「臓器提供の意思表示」を一度見てはどうだろう。自分の死後に臓器提供をするか否かを考えることは、自分の死をどう捉え、どう定義するか、自らに問いかけることでもある。そうしたとき、倫理的、心情的な面での議論にとどまらず、科学的な生と死の正しい理解に基づいて自らの判断をしてほしい。

人間の生の時間

このように、どの時点からどの時点を「人間の生の時間」とするのかはそれぞれの立場や考え方で異なるであろう。しかし、人間の生とは、その時間、長さだけが問題なのではなく、その時間をどのように生きたのか――つまり生の質――も重要であろう。（この生の時間と生命科学の関わりは他稿に譲る。）ＷＨＯは、「健康とは、病気でないとか、弱っていないということではなく、肉体的にも、精神的にも、そして社会的にも、すべてが満たされた状態にあること」と定義した。それに基づき健康寿命と呼ばれる概念がある。健康寿命とは人間の生命の質、つまりＱＯＬ（Quality of life 生活の質）の観点から見た時間を表わし、ただ生きているということでなく、介護を必要としない自立して生きられる時間を示す。

言うまでもなく、人間の生きている時間は有限である。この人間の時間を生きるにあたり、生命現象の科学的な事実を正しく理解し、その技術を活用することでどのように生の時間を豊かにすることができるのか、またそれにはどのような課題を伴うのか、自ら判断して、何が一番自分にふさわしい人間の生き方なのか考えながら生きることが、私たち一人一人に求められる。

生命科学から「人間」を考える

冒頭で触れたように、人間の生を考えるには、「ヒト」と「人」を総合した思索が必要である。歴史的に、科学が得意としてきたのは「ヒト」の「身体」の理解に関する部分であった。しかし、最新の科学は、「ヒト」の「身体」の理解だけではなく、「人」を形成する「こころ」（意識、心情、情緒、社会性などのすべてを含めた精神活動）を多数の神経ネットワークの相互作用による脳の活動として探究し始めている。形而上学的な「こころ」は科学が立ち入れない領域であるというかつての考えは崩されつつある。たとえば、恐怖のような比較的単純な情動は、それを生じさせる細胞やその分子機構も明らかになってている。

一方、現在でも生命の起源は解明されておらず、どのような分子構造体と分子相互作用から「いのちある」「生きている」と定義するのか、難しい。その観点から見れば、「生きていること」と「死んでいること」は、実は連続性を持った状態であると考えることもできる。そのどこに、生命の始まりと終わりを線引きするのかが、生命科学的にも判断が必要なことなのである。

しかし、いかに科学が進歩して人間の精神活動の機構が明らかになったとしても、それぞれの人間が自分の生をどう形作っていくか、という問題には答えを与えてくれない。科学は事実を明らかにするのみであって、その事実をどう評価・判断し、どういう生き方を選ぶのかは、一人ひとりの問題なのである。

《註》

（1）自分と同じ個体を残すのが無性生殖、有性生殖とは、二つの個体間あるいは細胞間で全ゲノムに及ぶＤＮＡの交換を行うことにより、両親とは異なる遺伝子型個体を生むことである。有性生殖で合体する細胞を配偶子と呼び、配偶子（雌雄）の染色体数は半分である。

（2）ウイルスは前述の定義を満たさない。ウイルスは自己複製するが、自身では細胞を形成せず、自己複製のために生物の細胞に侵入しなければならない。これらの性質からウイルスは生物と無生物の中間の存在とみなされる。

（3）妊娠は、免疫（自分自身以外の異物を体内から排除して自分を守る仕組み。後述）から考えると、特別な状況にある。母親にとって体内に存在する子どもは異物である。妊娠期間中、その異物を排除せずに子宮のなかで定着させて、しかも母親は子どもの組織である胎盤を通じて自分の血液から酸素や栄養分を子どもに与え続ける。この特殊な状態を「免疫寛容」と呼ぶ。

（4）悪性腫瘍《しゅよう》などの治療の副作用のために卵巣機能が低下するのに備えて、日本産科婦人科学会は女性が将来の自分の妊娠出産のために予め自分の卵子を採取しておく場合などに限定して、卵子の冷凍保存を認めている。

（5）遺伝子診断――遺伝子の診断で遺伝性疾患の発症を予知できる。しかし疾患の発症リスクを持つことから当人が不利な扱いを受ける「遺伝子差別」の問題が起きている。またほとんどの疾患が診断されても治療法が開発されていないのが現状で、診断の必要性が疑問視されることもある。遺伝情報は血縁者全体に関わることでもあり、「知らないでいる権利」の擁護も課題である。情報は厳重に管理されねばならず、その開示、提供、カウンセリングなどの配慮が必要である。

（6）どの段階までの受精卵を研究への使用を許可するかについては、受精後二週に脳や脊髄のもととなる「原始線状」が形成される時点までとされる。原始線状形成以降、その胚が分割して双生児となることはなく、このことから、この時点をもって「個人」が成立するという考え方に基づいている。体外受精で得た受精卵のうち使わないことを決めたもの（余剰胚）を研究目的で扱う場合、原始線状形成以前の受精卵に限られている。

（7）細胞の寿命とその「死に方」は遺伝子によってプログラムされている。染色体の末端にあるテロメアと呼ばれる部分が細胞分裂のたびに短くなり、その結果やがてその細胞は分裂ができなくなり寿命を迎える。寿命を迎えた細胞は、アポトーシスという仕組みで積極的に「自殺」し、そうすることによって個体をいい状態に保つ。アポトーシスによる細胞死が正常に起こらなくなるとがんなどの病気が発生すると考えられている。

（8）植物状態――いわゆる植物状態と脳死状態は異なる。植物状態とは、大脳の機能が損なわれ意識がない状態を指す。脳死とは違い、脳幹の機能は保たれているため、自発呼吸があり、場合によっては回復の可能性がある。脳幹――脳の一番下に位置し、間脳、中脳、橋、延髄からなる部分で、呼吸や循環、体温調節など、生命の維持に不可欠な機能を司っている。

（9）意思表示カードが空欄で本人の意思が表示されていなければ、残された家族が臓器提供の是非を決めることになる（二〇一〇年の法改正）。本人が臓器提供をしない、と意思表示していれば臓器は提供されない。脳死の時点ではなく、心臓死の時点で臓器を提供する、という選択肢もある。

（10）臓器移植法は、脳死を人の死とするかどうかを示すのではなく、自立尊重の観点から個人の決定に委ねる立場を取った（二〇一〇年の法改正後は本人の意思が不明の場合は家族の決定に委ねられる）。つまり、脳死を自分の死とするかどうかは、本人の選択の問題である、とした。したがって、法的な脳死判定は、臓器移植を行う場合に限り実施される。日本医師会の生命倫理懇談会や脳死臨調では、「脳の機能によって個体として有機的統合性を保っている状態」を「人の生」、それが失われた状態をもって「人の死」としている。

〔参考文献〕

Heilbron, J.L. ed., *The Oxford Companion to the History of Modern Science*, Oxford University Press, 2003

Ratzinger, Joseph Card, Instruction of respect for human life in its origin and on the dignity of procreation: Replies to certain questions of the day, 1987. (http://www.vatican.va/roman_curia/congregations/cfaith/documents/rc_con_cfaith_doc_19870722_respect-for-human-life_en.html)

Belkin, G.S., Brain death and the historical understanding of bioethics, *Journal of the History of Medicine and Allied Science*, 2003, 58: 325-361.

Uniform Determination of Death Act, National Conference of Commissioners on uniform state laws.（http://www.uniformlaws.org/ActSummary.aspx?title=Determination%20of%20Death%20Act）

Chon, W.J. et al., When the living and the deceased cannot agree on organ donation: A survey of US organ procurement organizations (OPOs), *American Journal of Transplantation*, 2014, 14: 172-177.

The President's Council of Bioethics, Human cloning and human dignity: An ethical inquiry, 2002.（https://bioethicsarchive.georgetown.edu/pcbe/reports/cloningreport/）

ＷＨＯ憲章における「健康」の定義の改正案について。厚生労働省報道発表資料。（http://www1.mhlw.go.jp/houdou/1103/h0319-1_6.html）

第4章 「出離生死」の思想

市川《いちかわ》　良哉《よしや》

一　はじめに

太平洋戦争が終わる前年春、小学校（当時は国民学校）では近くの映画館で、日本帝国海軍の撃沈、また撃沈というニュース映画の団体鑑賞会があった。三年生の私はいまに大きくなれば戦争に行くぞと気分を高揚させて帰宅した。すると、風邪で臥していた父は急性肺炎を併発して亡くなっていた。仏前へ移された父の額に、母は私の手を置かせた。冷たい。母は慟哭《どうこく》していた。死は突然やって来る。死は非日常的出来事である。生とは何か。死とは何か。生と死は別々なのか。人間の生は死の不安に曝されている。この不安をどう超えるのか。さまざまに問題を提起する。

人間として生を受けることは難しい。死すべき人々に寿命があるのも難しい。正しい教えを聞くのも難しい。もろもろの目ざめた人［諸仏］の出現したまうことも難しい。（中村元訳『真理のことば　感興

のことば』岩波文庫、三六頁）

生と死について考えることはすぐれて現代の人間の問題であると思う。単に生きるのではなくて、どう生きるか。この問題についての宗教における思索やそこに開けた世界は、過去の偉大な哲学や芸術がそうであるように、いまも私たちの心に響くものがある。

二　「生死」の問題は何を提起するか

宗教は自己を問う

現代という時代を特色づけるのは近代科学とその応用によって驚異的に発展した科学技術や医療の進歩である。そうした科学や医学に対する現代人の期待と信頼は厚い。しかし、この科学文明に問題がないとは考えられない。東日本大震災で原子力発電がもたらした放射性物質の処理をはじめとして、科学はいろいろな課題を惹起する。

ここで、人間の生命や不安、死をどう捉えるかをめぐる問題が改めて提起される。自然科学の基本的立場は人間を、あるいはその生命や死を対象的に把捉することにある。つまり、生命や死を客観的に観察、分析し、現象を把握する。対象化するのである。

しかし、人間はそれ自身主体として存在する。人は自己自身を誰かに代わってやったり、代わってもらったりすることはできない。科学はその人間主体そのものについては問わない。宗教は人間そのものを問う。自己とは何か。自己はどこに立っているのか、何を支えにして生きているのか。人間主体の在り方そのものを問うことにある。

仏と沙門《しゃもん》（修行僧）とのあいだのこんな対話がある。

仏、諸の沙門に問いたまわく、「人の命はいくばくの間にありや」と。こたえていわく、「数日の間にあり」と。仏いわく、「なんじ未だよく道を為さず」と。また、一沙門に問いたまう。「人の命はいくばくの間にありや」と。こたえていわく、「飯食の間にあり」と。仏いわく、「なんじ未だよく道を為さず」と。また、一沙門に問いたまう、「人の命はいくばくの間にありや」と。こたえていわく、「呼吸の間にあり」と。仏いわく、「善いかな、なんじは路を為せる者と謂うべし」と。（『四十二章経』）

興味深い対話である。生と死は別々にあるのではなくて呼吸の間にある、一つだという。それが道を求める者の根本的態度なのである。これを仏教は「生死《しょうじ》（saṃsāra）」という言葉で把捉した。サンスクリット語のサンサーラは同時に、「輪廻《りんね》」とも訳される。車輪が回転して限りがないように、生命を有する者の生死の繰り返し［流転］を意味する。生死と輪廻は同義異語なのである。

眠れない人には夜は長く、疲れた人には一里の道は遠い。正しい真理を知らない愚かな者どもには、生死の道のりは長い。（前掲、中村元訳、一八頁、一六三頁）

原始仏典はブッダ釈迦の円熟した境地を伝える。その珠玉のことばに人類が到達した智慧を見る。ここでは生死は迷いの世界・苦の世界を意味し、苦悩する在り方を夜の長い闇に譬えて、生死輪廻の道のりは長く、人間の迷いは深いという。

翻って、私たちの日常性はどのような在り方をしているのであろうか。勉強すること、学問すること、働くこと、人びとのために力を尽くすことは大切なことである。それは向上的、創造的な生き方である。しかし、そうした営みの中にも、不図《ふと》、人は心の深いところに限りない虚しさ、淋しさ、不安を感じないであろうか。人生は孤独と不安に満ちている。それを明かりの見えない闇の長い道のりと象徴的に表現した。

生死を出離する

経典はこの孤独と不安の中にある在り方をこう指摘する。

人、世間の愛欲の中に在りて、独り生まれ、独り死し、独り去り、独り来る。まさに行きて苦楽の地に至趣《ししゅ》すべし。身みずからこれをうけ、代わる者あることなし。［……］生死の常道［生ある者は必ず死に帰す不変の道理を］うたた嗣《つ》ぎて立つ［子が父のあとを次々と受け継ぎ、子々孫々に及ぶ］。あるいは父、子を［失いて］哭《な》き、あるいは子、父を［失いて］哭き、兄弟夫婦、たがいに哭泣す。顚倒《てんどう》上下すること、無常の根本なり。みなまさに過ぎ去るべく、常に保つべからず。［この道理を］教語し開導すれども、これを信ずる者、少なし。ここをもって、生死流転《しょうじるてん》、休止することあることなし。（中村元ほか訳註『浄土三部経』上、岩波文庫、二〇五－二〇七頁）

生死の問題の探求は「生死《しょうじ》を出離《しゅつり》する［出離生死］」ことに重点が置かれる。目指すのは迷いの境涯から悟りの境地に至ることである。それはほかならぬ主体としての自己が真の主体性を確立する宗教的生を開くことにある。道元（一二〇〇―一二五四年）はこう説いた。

無常迅速《じんそく》なり。生死事大《しょうじじだい》なり。しばらく存命のあいだ、業を修し学を好まば、ただ仏道を行じ仏法を学すべきなり。（和辻哲郎校訂『正法眼蔵随聞記第一』岩波文庫）
（死は思いがけず突然やって来る。人と生まれているこの時、迷いを捨てて悟りをひらくことは最も大事なことである。しばらく生きている間に何かを行い、何かを学びたいと思ったら、ただ仏道を修め、仏の教えを学ぶべきである）

こうして、まさに生死の問題は自己自身の実存に直結する根本的な問題となる。「出離生死」をめぐって、日本思想史上の聖徳太子や法然、親鸞《しんらん》が切り開いた世界を瞥見しよう。

三　否定を媒介として開かれた聖徳太子の世界

「世間虚仮　唯仏是真」

わが国への仏教伝来は欽明天皇七年（五三八）とされる。しかし、それ以前から渡来人とわが国の知識人との交流によって、仏教は一部の人びとのあいだに次第に浸透していたと考えられる。仏教受容にあたっては氏族間に抗争を生んだが、寺院が建築され、氏族の冥福や繁栄が祈られた。

聖徳太子（五七四－六二二年）は氏族中心の体制を超えて、より高い国家の法としての十七条憲法を形成する原理の一つを仏教においたことはよく知られる。

近年、太子をめぐる疑義が提起されるが、さらなる解明が必要である。私見によれば、太子はわが国で仏教をよく理解した最初の人であった。注目したいのは「世間虚仮《せけんこけ》　唯仏是真《ゆいぶつぜしん》」という太子の思想である（『日本思想体系　聖徳太子集』岩波書店、三七〇頁）。

これは太子の造語になり、独自な仏教理解の境地を示している。併せて、父の太子が臨終のとき「諸悪《しょあく》莫作《まくさ》　衆善奉行《しゅぜんぶぎょう》」と遺訓したのを、永く誡めとすると嫡子山背大兄王《やましろのおおえのおう》が伝える太子の言葉（『日本書紀』舒明記）も注意したい。これは仏教思想を要約する七仏通戒偈《しちぶつつうかいげ》「諸悪莫作　衆善奉行　自浄其意《じじょうごい》　是諸仏教《ぜしょぶっきょう》（もろもろの悪はなさず、もろもろの善は奉行せよ。自らそのこころをきよくする。これ諸仏の教えである）」からの引用である。

「世間虚仮」は、世間は虚しくはかないという世の無常を述べている。しかし、厭世的な無常感を語っているのではない。現実世界を虚仮と直視し、徹底的に否定する。その絶対否定を媒介として絶対肯定の世界が開かれる。その否定を媒介として開かれた超越的な境地を「唯仏是真」の語で表わし、含蓄するところは深い。「諸悪莫作　衆善奉行」を教えた太子の社会的生活規範の根底にある宗教的生は、ここに通底する。

家永三郎氏は太子の否定を媒介とする超越的論理を、こう指摘した。「根本仏教の構造は〔……〕明らかに現実の否定とその否定を契機として絶対肯定に還帰する弁証法的運動を内に包んでいた〔……〕太子に於いて、仏教の理解は明らかに否定の論理の理解を意味していた。〔……〕世間虚仮の一語こそ肯定の論理より有しなかった太古日本思想の夢にも思惟することの出来なかった観念だったのである」（『日本思想史に於ける否定の論理の発達』新泉社)。

超越的な世界への眼

『日本書紀』は太子が『勝鬘経《しょうまんぎょう》』や『法華経』を講説したと伝える。『維摩経《ゆいまきょう》』講説の記述はないが、太子はこの三経の義疏を撰述した。『法華経義疏《ぎしょ》』は太子の自筆とされる草稿本が現存する。『勝鬘経義疏』『維摩経義疏』の最古の伝本は鎌倉時代の宝治元年(一二四七)刊行の宝治本である。内容については花山信勝氏の国訳(『国訳一切経』経疏部一六)や中村元氏の現代語訳(『日本の名著2 聖徳太子』)に詳しい。

『勝鬘経義疏』では、『勝鬘経』はすべての人がもつ仏の悟りを得る可能性を主題として、印度古代の波斯匿王《はしのくおう》の勝鬘夫人が語り手となって説くのを、「たんに当時のものの利を獲るのみに非ず、遠く末代に及んで皆福を同じうするにあり(単にその時代の人に利益を与えるだけでなく、遠く未来の人にも皆同じく幸せならしめる)」といい、人は『勝鬘経』の教えで仏になれるとした。『法華経義疏』では、『法華経』の「説法はただに当時のものの益を蒙るのみに非ず、遠く末代に及んで同じく今の利を獲しむ(説法はその時代の人が利益を得るだけでなく、遠く未来の人に及んで幸せを得しめる)」この経は、人があらゆる善を原因として永遠なる仏の生命を得る神薬の如き、真実唯一のものであるとした。

『維摩経』では、在家信者の維摩《ゆいま》は小乗仏教に凝り固まっている舎利弗《しゃりほつ》ら仏弟子を案じて病床にある。肉体を病んで臥せるのではない。菩薩《ぼさつ》は「衆生病むが故に、われまた病む」。維摩の心は「菩薩」の心である。菩薩は慈悲心［愛の心］に立つからこそ病む。心を病む「菩薩」としての維摩は舎利弗らを導くために叱咤する。同時に、「空」の思想を鮮明にする。「空」は一切の事物の実体を否定する［執われを否定する」大乗仏教の根本的立場である。

これを『義疏』では「疾《しつ》の体たるや、必ず大慈悲を以って本と為し、教の興《おこ》るところは抑小揚大《よくしょうようだい》を宗と為す（維摩が病むもとは大慈悲心にある。根本は小乗仏教の教えを抑えて大乗仏教の空の教えを高揚するのが経意である）」とする。

「唯仏是真」の思想には、『維摩経義疏』の内容と符合して、世俗［現世］の絶対否定から即絶対肯定に転ずるに「空」に立つ思想が読み取れる。他の二つの『義疏』にも通底して、太子の眼は超越的な世界――現実の生死の世界を超えた世界を見ている。それは深く広い心の世界への開けである。

四　法然における宗教的生の世界

父の遺誡が生涯を決する

わが国において、仏教が真に日本的となったのは鎌倉仏教である。これを担った法然、親鸞、道元らは若き日、最澄（七六七－八二二年）が開いた叡山に入り、宗教的疑問の解決に苦闘し、最後には山を下りて新しい仏教の真理に生きた。この新しい生き方が「生死を出離する」道であった。

最澄が掲げた大乗菩薩戒（悪しきことを断ち、善きことを実践し、衆生を利益する）の理想を徹底する仕方で、しかし、それがかえって逆に人間の愚かさ、自力の限界の自覚を深化させて、その絶望的な精神の中からも道を求めた人が法然である。

法然（一一三三－一二一二年、口絵写真5）は美作国久米郡南条稲岡庄（岡山県久米郡久米南町）に生まれた。

九歳の春、久米郡の押領使であった父漆間《うるま》時国は稲岡庄の預所明石定明の夜討ちにあい、非業の死を遂げた。このとき、法然は「破矯《はきょう》の小箭を以って敵の目の間を射た」（『源空私日記』）。時国は、「敵人《あたびと》をうらむことなかれ、これ偏に先世の宿業《しゅくごう》也。もし遺恨をむすばゝ、そのあだ世々につきたかるべし」、出家してわが菩提《ぼだい》をとぶらい、解脱《げだつ》を求めよ、と遺言した（大橋俊雄校註『法然上人絵伝』第一、岩波文庫）。この敵を射た行為が心に残り、父の遺誡が法然の生涯を決した。

その秋、母方の叔父観覚の菩提寺に身を寄せ、十三歳で叡山に登り、北谷持宝房源光の室に入る。十五歳で西塔功徳院の学僧皇円のもとで出家し、天台三大部（『法華玄義』、『法華文句』、『摩訶止観《まかしかん》』）を学んだ。十八歳の法然は叡山で名利を競うことに耐えられず、西塔黒谷に遁世していた慈眼房叡空の門を尋ねた。叡空は世俗化した叡山を内部から否定する遁世集団の代表者であった。この黒谷は念仏聖《ねんぶつひじり》の別所で、二十五三昧（衆生が流転する生死の世界を突破するため、雑念を離れて精神を集中する念仏三昧）を修していた。

法然は「幼稚の昔より成人の今に至るまで、父の遺言わすれがたく、とこしなへに隠遁《いんとん》の心深きよし」を述べた。叡空は、少年の身で早くも出離の心を起こした。法然道理［真如の意］の聖であるとほめ、法然房源空と名づけた。法然は密教と戒律を修め、日夜、経論章疏を開き、飢えを忍び、眠りを忘れて目を通した。多感な十八歳から数年余にわたる黒谷での学修は法然の求道精神を燃焼させ、やがて大きな転機をもたらした。

保元元年、二十四歳の法然は嵯峨の釈迦堂に参籠し、求道を祈願した。この後、南都興福寺の学僧蔵俊を訪ね、法相《ほっそう》（ものの真実のすがたを究める学派仏教）を学んだ自らの理解を述べ指導を求めた。蔵俊は法然の学解の深さを賞し、ただ人にあらずとした。三論宗（空の思想を究明する学派）の寛雅や華厳宗（華厳経を究極の真理とする仏教哲学に立つ学派）の慶雅にも指導を求めたが、同様に法然の学識をほめた。

史家は、東大寺の永観や浄土教の別所とした山城光明山寺に住んだ珍海らが唐の善導大師（六一三―六八一年）の『観無量寿経疏《きょうしょ》』（以下『観経疏』という）を重視していた伝統があった点で、後述する法然の回心が善導のこの書に深く負うだけに、南都遊学の重要性を指摘する（田村円澄『法然』吉川弘文館）。しかし、法然は教義を学び、その学解を通して悟りを得ようとする求道の在り方に解答は得られなかった。

「行」に絶望し、「信」に蘇る

法然は獲るところなく南都から叡山に戻った。伝記は「時の人の諺にいう、智慧第一の法然房と。しかれども出離の道にわづらひて、身心やすからず」（『法然上人伝記（九巻伝）』第一）といい、またこう伝える。

出離の志ふかかりしあひだ諸の教法を信じて諸の行業《ぎょうごう》を修す。おほよそ仏教おほしといへども、所詮戒定慧《かいじょうえ》（戒は悪を止め、善を励む。定は心を静め雑念を払い、精神を統一する。慧はこれらのうえに立って真実のすがたを究める）の三学をばすぎず。所謂小乗の戒定慧、大乗の戒定慧、顕教の戒定慧、密教の戒定慧也。しかるにわがこの身は戒行にをいて一戒もたもたず、禅定にをいて一もこれをえず。人師釈して尸等《しら》［戒］清浄ならざれば三昧現前せずといへり。又凡夫の心は物にしたがひてうつりやすし、たとへば猿猴《えんこう》の枝につたふがごとし。まことに散乱して動じやすく、一心しづまりがたし。無漏の正智《むろ》《しょうち》（煩悩にけがされない智慧）なにゝよりてかをこらんや。若し無漏の智剣なくばいかでか悪業煩悩のきづなをたゝんや。なんぞ生死繋縛《しょうじけばく》の身を解脱することをえんや（いかにして心身につき纏って自由を束縛する身を解脱することが出来るか）。かなしきかな。かなしきかな。いかがせん。いかがせん。ここに我等ごときはすでに戒定慧の三学の器にあらず。この三学のほかに我心に相応する法門ありや、我身に堪たる修行やあると、よろづの智者にもとめ、諸の学者にとぶらひしに、をしふるに人もなく、しめすに輩もなし。（上掲『法然上人絵伝』第六）

「いかがせん、いかがせん」と失望して帰山した法然は経蔵に入り、聖典を披見した。絶望の中にも法然の心の深いところには、哲学者が「宗教的要求」と名づけた「已まんとして已む能わざる大いなる生命の要求」（西田幾多郎『善の研究』）があったと思う。必死で披閲《ひえつ》した善導《ぜんどう》の『観経疏』の中の一文に出会い、法然は決定的な宗教的転換を経験する。

一心に専ら弥陀の名号を念じ、行住坐臥《ぎょうじゅうざが》、時節の久近《くごん》を問はず、念々に捨てざるもの、これを正定《しょうじょう》の業《ごう》と名づく。彼の仏の願に順ずるが故に。（上掲『法然上人絵伝』第六）
〈心に阿弥陀仏の名号〈南無阿弥陀仏〉を称える。歩き、止まり、坐り、臥すにも、また、称名する時間の長・短を問わず称える。これを正定の業〈正しく浄土に生まれることが決定する行業〉と名づける。彼の仏の願〈絶対救済の意志〉にしたがうからである〉

この一文を拠りどころに、法然が経験した宗教的転換は宗教学でいう回心である。これを回顧して法然は「順彼仏願故《じゅんぴぶつがんこ》の文《もん》、深く魂にそみ、こころにとどめた」という。時に承安五年（一一七五）四十三歳、釈迦堂参籠以来二十年を閲《けみ》した。

「彼の仏願」とは

「彼の仏願」とは『浄土三部経』中の『無量寿経《むりょうじゅきょう》』に説く阿弥陀仏の四十八願中の次の第十八願である。

たとい、われ仏となるをえんとき、十方《じっぽう》の衆生《しゅじょう》、至心《ししん》に信楽《しんぎょう》して、わが国に生まれんと欲して、乃至十念せん。もし、生まれずんば正覚《しょうがく》を取らじ。ただ、五逆［の罪を犯すもの］と正法を誹謗《ひぼう》するものを除かん。（上掲『浄土三部経』一五七頁）

ここに阿弥陀仏の願いが誓われている。仏となったとき、あらゆる人々が至心に（まことの心で）、信楽し（信じ喜び）、浄土に生まれようと願って（欲生）、乃至十念する（たとえば十声念仏する）。若し生まれることが出来なければ悟りを開かない。ただし五種の重罪を犯したり正法を謗る者は除く、と。なお、すぐ後で述べる法然の主著『選択《せんちゃく》本願念仏集』（以下『選択集』という）第三章「弥陀如来余行をもって往生の本願としたまはず、ただ念仏をもって往生の本願としたまへる文」では、この願文の後半「ただ、五逆……」を引用していない。

法然は、この阿弥陀仏の誓願に絶対帰依する他力の「信」に立つ浄土の教えと、戒・定・慧の善行を徹底して励む自力の「行」に立つ道との、どちらを選ぶかの厳しい岐路に立った。「信」を選ぶ宗教的決断によって、そこに開かれたのはいままでの古き自己に死して、浄土往生が決定するという新しい生命に蘇る世界であった。起死回生の大転換であった。

『選択集』はこの劇的な経験を回顧して『観経疏《かんぎょうしょ》』について、こう記している（『日本思想大系　法然・一遍』岩波書店、一六一頁）。

静かにおもんみれば、善導の観経の疏は、これ西方の指南、行者の目足なり。しかれば西方の行人、必ずすべからく珍敬《ちんぎょう》すべし。［……］ここにおいて貧道《ひんどう》、昔この典《てん》を披閲《ひえつ》して、ほぼ素意を識る。たちどころに余行を舍《とど》めて、ここに念仏に帰す。（『選択集』第十六章）

（よくよく考えると、善導の『観経疏』は西方浄土に教え導く書で、念仏行者には目となり足となる。そうであるから西方浄土を願う行者は、必ず敬い大切にしなければならない。［……］ここに、貧しいわたしは昔この書を披《ひら》いて、ほぼ、かねてからの仏のこころをいただいた。たちどころに念仏以外の行を棄てて、念仏に帰した）

「生死を離れる道」

法然は「行」に絶望し、「信」に蘇った。これを『選択集』は全体十六章で、多くの経論疏から要文を引用し、「私に云はく」と自らの見解を述べ、一貫した論理で体系化した。

第一章は仏教を、自力で悟りを開く「聖道《しょうどう》」の教えと、阿弥陀仏の願いによって浄土に生まれて悟りを開く「浄土」の教えとの二つに分け、「聖道」を捨て「浄土」に帰せと説く。第二章は浄土に生まれるための正行とそれ以外の諸々の雑行《ぞうぎょう》に分け、雑行を捨て正行に帰せと説く。

ところで、『観無量寿経』（以下『観経』という）は浄土に生まれたいと願う者は至誠心《しじょうしん》、深心《じんしん》、回向発願《えこうほつがん》心《しん》の三心を発すべきという（前掲『浄土三部経』下、六八頁）。『選択集』第八章はこれを主題として、『観経疏』を引用しながら見解を述べる。

至誠心は真実の心であるが、行者はからだと口と心で実践する行は必ず真実心でなすべきで、「外に賢善精進《けんぜんしょうじん》の相を現じ、内に虚仮を懐くことを得ざれ」という。深心は深信《じんしん》の心である。これに二種ある。「一は決定《けつじょう》して深く、自身は現にこれ罪悪生死の凡夫、曠劫《こうごう》より已来《このかた》、常に没し常に流転して、出離の縁あることなしと信ずる。二は決定して深く、かの阿弥陀仏の四十八願をもって衆生を摂受《しょうじゅ》したまうこと、疑いなく慮《おもんぱか》りなく、かの願力《がんりき》に乗って、定《さだ》んで往生《おうじょう》を得と信ずる」。回向発願心は自らの修めた善根を振り向けて、浄土へ生まれたいと願う心である。

三心について法然はこう解釈する。至誠心は真実の心である。善導は外に賢善精進の相を現じ、内に虚仮を懐くなとしたが、これは難しい。しかも、外に賢善精進のすがたを示し、内に懈怠《けたい》の心を懐いて行う善行は雑毒《ぞうどく》の善（煩悩を毒に譬え、その毒が混じった善）であり、虚仮の行（嘘偽りの行）でしかない。内に虚仮を懐く等というのは内は虚であり、仮であって、外は実であり、真である。そこで、「もしそれ内を翻《ほん》じて外に播《ほどこ》さば、また出要《しゅつよう》に足んぬべし（もしも内面の虚仮の状態を翻して、表面に移しあらわしたならば、迷いの世界を離れるかなめとして十分となる）」という。

次に、「深心は深信の心なり。生死の家には疑ひをもって所止とし、涅槃の城には信をもって能入《のうにゅう》とす（深心は深く信ずる心である。仏法に猜疑心をもつから生死の迷いの世界に止まり、涅槃のさとりの城は信によって極まる）」と私釈し、回向発願心は善導の文の通りであると述べる。

法然は、「三心は要をとり詮を選んでこれをいへば深心におさまる」（『三経釈』）というが、また、善導

『往生礼讃偈《らいさんげ》』から引用して深く信ずる心を前後に分けてこう解釈する。

一は決定してわが身はこれ煩悩を具足せる罪悪生死の凡夫也。善根薄少《ぜんこんはくしょう》にして、曠劫よりこのかたつねに三界に流転して、出離の縁なしとふかく信ずべし。二にはふかくかの阿弥陀仏四十八願をもて衆生を摂取し給ふ。すなはち名号をとなふる事、下十声にいたるまでかのほとけの願力に乗じてさだめて往生を得と信じて、乃至一念もうたがふ心なきがゆへに深心となづく。〔……〕この釈の意ははじめにわが身の程を信じて、のちにはほとけのちかひを信ずるなり。のちの信心のためにはじめの心をばあぐるなり。〔……〕。（『浄土宗略抄』）

法然は一向専念に念仏して浄土を願う人はそのまま三心は具足されると繰り返し述べた。「生死をはなるるみち、浄土にむまるるにすぎたるはなし。浄土にむまるるをこなひ、念仏にすぎたるはなし」（『浄土宗略抄』）とも述べた。最晩年の『一枚起請文《いちまいきしょうもん》』には、中国や日本の学者たちが論議する仏や浄土を思い浮かべる観念の念仏や、念仏の意味・功徳を知って称える念仏ではない。念仏信ぜん人は愚鈍《ぐどん》の身になし、智者のふるまいをせず、「只《ただ》一かうに念仏すべし」と、念仏の極意を記した。この二日後の正月二十五日、専修《せんじゅ》念仏の生涯を全うした。

五　親鸞における宗教的生

「生死出づべき道」

親鸞（一一七三－一二六二年、口絵写真6）は曾孫の覚如『親鸞伝絵』によると、承安三年（一一七三）、皇太后宮大進日野有範の子として生まれた。治承五年（一一八一）春、九歳で青蓮院の慈円のもとで出家した。叡山に入り、天台の教えと観法（精神を集中し悟りにいたる方法）の修学に努めた。しかし、二十九歳で山を下りるまでの多感な青年時代の二十年間をどう過ごしたか、具体的にはよくわからない。

親鸞伝研究を大きく進めたのは大正十年西本願寺の宝庫で発見された親鸞の妻恵心尼《えしんに》が娘覚信尼《かくしんに》に宛てた十通の手紙であった（赤松俊秀『親鸞』吉川弘文館、一四頁）。この『恵心尼文書』は、叡山で親鸞が「堂僧」を勤めたが、山を下りて救世《くせ》観音を安置する六角堂に参籠して自己の救済を祈った、と記している。

> 殿の比叡の山に堂僧つとめておはしましけるが、山を出でて、六角堂に百日籠らせたまひて、後世《ごせ》のことといのりまうさせたまひける［……］法然上人にあひまゐらせて又六角堂に百日籠らせたまひて候ひけるやうに、また百か日、降るにも照るにも、いかなる大事にもまゐりてありしに、ただ後世のことはよき人にもあしきにもおなじやうに、生死出づべき道をばただ一すじに仰せられ候ひしを、うけたまはりさだめて候ひしかば［……］。（『定本　親鸞聖人全集』第三巻、法藏館、書簡篇、一八六頁以下）

堂僧は常行三昧堂の念仏僧で、不断念仏（決まった日時、または十二時中、昼夜間断なく念仏を称える）を行う。もとは九十日間、阿弥陀仏のまわりを行道して念仏を称える行で、雑念を離れて三昧に入ると仏が行者の前に立つというので仏立三昧《ぶつりゅうざんまい》といわれる。精神を集中するためには持戒堅固《じかいけんご》でなければならない。

当時、期間は三日、または七日に短縮され、親鸞は自己の救いを求めて不断念仏に励んだ。二十九歳の親鸞は山を下り、六角堂参籠の九十五日目の暁、聖徳太子の御示現にあずかって法然を尋ねた。どんな事があっても「生死出づべき道」を求めて教えを聴聞《ちょうもん》した。法然は善人も悪人も平等に救われていく道を一筋に説いた。これが阿弥陀仏の本願であった。その教えを確《しっか》り「受け給わり定めた」。

親鸞は法然門下に帰した。そのことを主著『教行信証』後序にこう述べている（『日本思想大系　親鸞』岩波書店、二五八頁）。劇的な法然とのこの出会いの記述は要を得て、簡潔である。

しかるに愚禿釈《ぐとくしゃく》の鸞《らん》、建仁辛《けんにんかのと》の酉《とり》の暦《れき》、雑行《ぞうぎょう》を棄《す》てて本願に帰す。（ところで、愚かなわたくし親鸞は、建仁元年（一二〇一）に自力の行を捨てて阿弥陀仏の本願に帰した）

さらに感慨を込めて述べる。元久二年（一二〇五）『選択集』の書写を許された。同年四月十四日に『選択本願念仏集』という内題の文字と「南無阿弥陀仏　浄土往生の正しい行はこの念仏である」という文と同時に、私の名「釈　綽空《しゃくくう》」を書いて下さった。同日、肖像を借りて図画した。同年七月二十九日この真影に「南無阿弥陀仏」の名号と銘を書いてもらった。銘文は念仏すれば必ず浄土に生まれるという善導の『往生礼讃』の文である。そのころ、私は夢のお告げがあって綽空を善信と改めた。同日その名を書いていただいた。法然上人七十三歳であった、と。

承元元年（一二〇七）専修念仏停止《ちょうじ》の宣旨により法然は土佐、親鸞は越後に配流された。流罪赦免後、親鸞は関東の稲田（茨城県笠間市）の辺りに移住し、伝道と同時に、主著『教行信証』の執筆に専念した。

帰洛は六十二歳ごろと推定され、主著は思索と推敲《すいこう》が重ねられた。

在洛の親鸞に、関東の門弟が信仰の核心にかかわる疑問を質すべく尋ねてきた。その折、「親鸞におきては、ただ念仏して弥陀にたすけられまゐらすべしと、よきひと〔法然〕の仰せをかぶりて信ずるほかに別の子細なきなり」と聞かせた。続けて、念仏は浄土に生まれる種なのか、地獄に堕《お》ちる行為なのか知らない。法然に騙《だま》されて念仏して地獄に堕ちても後悔はない。何故かといえば、念仏以外の行を励んで悟りを得られる身が念仏して堕ちたならば後悔もあろう。親鸞は「いづれの行もおよびがたき身なれば、とても（どうしても）地獄は一定（確実に）すみかぞかし」と述べた（『歎異抄』第二章）。

親鸞は法然に導かれて雑行を棄て本願に帰した。これは存在の全体をかけて「よき人の仰せをかぶりて信ずる」劇的な回心の経験で、「廻心《えしん》」と呼ばれる。その内実は弥陀の救済を信ずることが同時に、自らは「地獄は一定」の自覚に立つことと一つであった。『教行信証』はそうした宗教経験を理論的に回顧して体系化された宗教哲学的書である。その一端を窺おう。

宗教的経験の理論的回顧

本書は教《きょう》・行《ぎょう》・信《しん》・証《しょう》・真仏土《しんぶつど》・化身土《けしんど》の六巻で構成され、教巻にいう。

つつしんで浄土真宗（浄土真実の教え）を案ずるに、二種の回向あり。一つには往相《おうそう》、二つには還相《げんそう》なり。往相の回向について真実の教行信証あり。（前掲『日本思想大系　親鸞』一五頁）

親鸞は浄土三部経中、『〔大〕無量寿経』を真実の教えとする。その真実は阿弥陀仏の絶対救済の誓願である。これをすべての人びと（衆生）に振り向ける働きを回向といい、その働きを往相（浄土に生まれるすがた）と還相（浄土に生まれて後、この世界に還って来てすべての衆生を導き、浄土に向かわせるすがた）の二つに分ける。行巻は「無礙光《むげこう》如来（弥陀仏）」の名《みな》を称する称名念仏が真実の行であるという。信巻は上掲の阿弥陀仏の第十八願が真実の願で、この誓願は「長生不死の神方《じんぽう》（生死を超えるいのちを得る教え）」であるという。それは至心《ししん》（真実心）・信楽《しんぎょう》（他力の信心）・欲生《よくしょう》（浄土に生まれようと願う心）の三心であり、それは「信楽」におさまる。証巻は浄土に生まれ最上の悟りが得られることを述べる。これら真実の行も他力の信心も最上の悟りもすべて阿弥陀仏からの働きに因る。これを往相回向というのである。続いて、「還相の回向といふは、則ちこれ利他教化地《りたきょうけじ》の益《やく》なり（還相回向というのは自らがさとりを開いて、思いのままに衆生を教え導く真実の証にそなわる働きを、阿弥陀仏によって恵まれることである）」と述べていく。

真仏土巻は真実の仏と浄土を、思いはかりを超えた光明の如来と、浄土のかぎりない光明の世界として詳述する。化身土巻では方便の教えと邪偽の教えを区分し、真実の宗教的世界を明かす。これに関しては、宗教的意識が高い宗教的精神へと深まっていく親鸞の思想のもつ普遍性を解明したすぐれた研究（武内義範『教行信証の哲学』法蔵館）がある。

至心・信楽・欲生について

さきに、法然が念仏行者は必ず具すべきとした『観経』の三心を、親鸞は『観経』に顕彰隠密《けんしょうおんみつ》の義（表面は方便のかたちを取るが、根底は真実を秘めている）があると洞察して、この三心がもつ真実の深い意味を明かす。即ち、第十八願の至心・信楽・欲生の三心と『観経』の至誠心・深心・回向発願心の三心とはそれぞれ一つとして、すべて阿弥陀仏の清らかな願心から与えられたもの（回向）である。「一事として阿弥陀如来の清浄願心《しょうじょうがんしん》の回向成就したまふところにあらざることなし」という。親鸞が述べるこの本願の三心を見よう。

至心についていう。「一切の群生海、無始よりこのかた乃至今日今時に至るまで、穢悪汚染《えあくおぜん》にして清浄の心なし。虚仮諂偽《こけてんぎ》にして真実の心なし。ここをもって如来、一切苦悩の衆生海を悲憫《ひびん》して、不可思議兆載永劫《ちょうさいようごう》において、菩薩の行を行じたまひし時、三業の所修、一念一刹那も清浄ならざることなし、真心ならざることなし。如来、清浄の真心をもって、円融無碍不可思議不可称不可説の至徳を成就したまへり。如来の至心をもって、諸有《しょう》の一切煩悩悪業邪智の群生海に回施したまへり。すなはちこれ利他の真心を彰す。ゆゑに疑蓋雑《ぎがいまじ》はることなし。この至心はすなはちこれ至徳の尊号をその体とせるなり（あらゆる衆生は永遠の過去から今日この時に至るまで、煩悩に汚れ清らかな心なく、偽り諂《へつら》うばかりでまことの心がない。そこで阿弥陀仏は苦しみ悩む衆生を哀れんで、はかり知れないながい間、菩薩の行を修められた時、からだと口と心で実践されたその行はすべて、ただの一瞬の間も清らかでなかったことなく、まことの心でなかったことはない。如来は清らかでまことの心をもって、すべての功徳が一つに融け合い思いはかることも、称え尽くすことも、説き尽くすことも出来ない智慧の徳を成就された。如来はまことの心をもって煩悩にまみれ悪行や誤った考えをもつ衆生に施し与えられた。これは他力の真実心をあらわすのである。疑いが混じることはない。この至心は無上の功徳をもった如来の名号を本質とする）」。

信楽については、「如来の満足大悲円融無碍の信心海なり。このゆゑに疑蓋間雑《けんぞう》あることなし。ゆゑに信楽と名づく。すなはち利他回向の至心をもって信楽の体とするなり。［……］如来、苦悩の群生海を悲憫して、無礙広大の浄信をもって諸有海に回施したまへり。これを利他真実の信心と名づく。(阿弥陀仏の慈悲と智慧とが完全にそなわり、すべての功徳が一つに融け合っている信心である。このゆえに疑いはまったくまじることがない。それゆえ信楽と名づける。すなわち他力回向の至心を信楽の根本をなすのである。〔……〕如来は苦しむ衆生を哀れんで、この上ない功徳をもつ清らかな信を迷いの世界に生きる衆生に施し与えられた。これを他力の真実の信心という)」、という。

欲生についていう。「微塵海《みじんかい》の有情、煩悩海に流転し、生死海に漂没《ひょうもつ》して、真実の回向心なし。清浄の回向心なし。このゆゑに如来、一切苦悩の群生海を衿哀《こうあい》して、菩薩の行を行じたまひし時、三業の所修、乃至一念一刹那も回向心を首として大悲心《だいひしん》を成就することを得たまへるがゆゑに利他真実の欲生心をもって諸有海《しょうかい》に回施《えせ》したまへり。欲生すなはちこれ回向心なり。これすなはち大悲心なるがゆゑに、疑蓋雑《ぎがいまじ》はることなし。(あらゆる衆生は煩悩を燃やし迷いを深くして、まことの回向心がなく、清らかな回向心がない。そこで阿弥陀仏は苦しみ悩むあらゆる衆生を哀れんで、菩薩の行をからだと口と心で修められ、その行はすべてただの一瞬に至るまでも、衆生に功徳を施す心を根本として実践され、如来の大慈悲心を成就されたのである。そして他力真実の欲生心を迷える衆生に施し与えられたのである。すなわち、衆生の欲生心はそのまま如来が回向された慈悲心である。だから疑いがまじわることはない)」。

至心の真実も、信楽の願心も欲生の願心もすべて阿弥陀仏からの回向である。通常は「至心に回向して、かの国に生まれんと願わば、すなわち往生することを得て、不退転に住する」(前掲『浄土三部経』上、一八六頁)と読む経文を、親鸞は「至心に回向したまへり。彼の国に……」と読み、仏から衆生への回向の意義を鮮明にした。人間に真実はない。真実は弥陀仏である。これが往相回向である。弥陀仏の真実はさらに還相回向として働く。即ち、「還相とはかの土に生じをはりて、〔……〕奢摩他《しゃまた》・毘婆舎那《びばしゃな》・方便力《ほうべんりき》成就《じょうじゅ》することを得て、生死の稠林《ちゅうりん》に回入《えにゅう》して、一切衆生を教化して、共に仏道に向かへしむるなり（還相というのは浄土に生まれた後、智慧と他を教化する慈悲を成就することが出来て、迷いの世界に還って来てすべての衆生を導き、共に悟りに向かわせる）」という（証巻）。

「自然法爾《じねんほうに》」の世界へ

『観経』の「深心」についていえば、法然と親鸞とでは理解が異なる（唐木順三『無常』筑摩書房、一四七頁以下）。繰り返すが上に、法然では、「一には決定してわが身はこれ煩悩を具足せる罪悪生死の凡夫也。善根薄少にして、曠劫よりこのかたつねに三界に流転して、出離の縁なしとふかく信ずべし。二には深くかの阿弥陀仏四十八願をもて衆生を摂取し給ふ。すなはち名号をとなふる事、下十声にいたるまで、かのほとけの願力に乗じてさだめて、往生を得と信じて乃至一念もうたがふ心なきゆへに深心と名づく」（『浄土宗略抄』）とされた。

親鸞では、「深信の心なり。また二種あり。一には決定して、自身は現にこれ罪悪生死の凡夫、曠劫よりこのかたつねに没し、つねに流転して、出離の縁あることなしと深信す。二には決定して、かの阿弥陀仏四十八願をもって衆生を摂取したまふ、疑いなく慮りなく、彼の願力に乗ずれば、さだめて往生を得と深信せよ、となり。いまこの深信は他力金剛心《たりきこんごうしん》、一乗無上の真実信海なり」という（『愚禿鈔』下）。

明らかなことは、法然は「罪悪生死の凡夫」を、「善根薄少にして」という。たとえ薄少であるにせよ、正しい行為をする力が存在することを示唆する。最晩年、「一代の法をよくよく学すとも、一文不知の愚鈍の身になして［……］無智のともがらにおなじくして、智者のふるまひをせずしてただ一向に念仏すべし」（『一枚起請文』）と書き残した。『観経疏』の三心について整理された親鸞晩年の著述とされる上引文では、「善根薄少」の文言は消えている。善根は微塵もない。「罪悪生死の凡夫」と言い切り、疑いなく、遅慮せず、願力を「深信せよ」という。

こうした親鸞の心の根底には「いづれの行もおよびがたき身なれば、とても地獄は一定すみかぞかし」とする「一人」の深い罪障の自覚があった。門弟に「さるべき業縁《ごうえん》（そうしなければならない行為の縁）のもよほさば、いかなるふるまひも」すると内面を語った。つねに、親鸞は「弥陀五劫思惟《ごこうしい》の願をよくよく案ずれば、ひとへに親鸞一人がためなりけり。さればそくばくの（多くの）業をもちける身にてありけるを、たすけんとおぼしめしたちける本願のかたじけなさよ」と語った（『歎異抄』）。この「一人」の罪障の自覚は「罪悪生死の凡夫、出離の縁あることなし」の自覚である。同時に、「衆生を摂取したまう」「本願のかたじけなさ」に徹到した「一人」の宗教的実存の自覚と一つである。

親鸞が到りついた境地は徹底して弥陀の本願に生かされる世界である。それが生死を超える世界であった。そうした在り方と境地は晩年、「自然法爾《じねんほうに》」という格調高い言葉で綴られた。弥陀の本願に帰した信心の行者は自らのはからいによってそうなるのではない。弥陀願力の働きによって、そのまま自然《じねん》な働きの主体となるのである。こうした宗教的世界はいまも新鮮な響きと光を放っている。

＊　参照文献は本文中に明示したほか、望月信亨『法然上人全集』（浄土教報社）、塚本善隆『日本の名著　法然』（中央公論社）、『浄土真宗聖典　註釈版』（本願寺出版社）を参照し、『教行信証』の現代語訳は『顕浄土真実教行証文類（現代語版）』（本願寺出版社）に負う。

《写真・図版一覧》

本書への掲載にあたり、下記の方々からご配慮を賜りましたこと厚く御礼申し上げます。

この一覧は以下の順で記します（敬称略）。

　掲載箇所　写真・図No.　名称　［所蔵者］〈提供者〉

カバー表　月次風俗図屏風　［東京国立博物館］〈同左〉 Image：TNM Image Archives
表紙　佐佐木信綱の歌碑　［薬師寺］
扉　月次風俗図屏風　［東京国立博物館］〈同左〉 Image：TNM Image Archives

口絵
写真１　若山牧水の歌碑（宮崎県日向市・旭化成日向事務所前）〈若山牧水記念文学館〉
写真２　手仕事のモノの典型例　〈丸田健〉
写真３　妊娠８週の胎児　〈島本太香子〉
写真４　胎児は新生児に　〈島本太香子〉
写真５　法然上人像（鏡の御影）［金戒光明寺］〈同左〉
写真６　親鸞聖人像（熊皮御影）［奈良国立博物館］〈同左〉

第３章
図１　ヒトの受精と着床のメカニズム　〈島本太香子〉

＊提供者を記していない写真はナカニシヤ出版編集部撮影。

〈著者紹介〉　〈掲載順〉

伊《い》藤《とう》　一彦《かずひこ》

宮崎県立看護大学客員教授。歌人。現代短歌協会理事。若山牧水記念文学館館長。宮崎県立図書館名誉館長。一九四三年宮崎県宮崎市生まれ。早稲田大学第一文学部哲学科卒業。奈良大学現代短歌の会を指導。

主な著書　『伊藤一彦歌集』〈現代短歌文庫〉（砂子屋書房、一九八九）『あくがれゆく牧水　青春と故郷の歌』（鉱脈社、二〇〇一）『土と人と星』〈現代三十六歌仙〉（砂子屋書房、二〇一五）ほか。

丸田《まるた》　健《けん》

奈良大学教授。哲学専攻。一九六七年、京都府京都市生まれ。大阪大学大学院博士後期課程単位取得退学。博士（人間科学）。

主な著書　『生命と倫理の原理論』〔共著〕（大阪大学出版局、二〇一二）『哲学の歴史11』〔共著〕（中央公論新社、二〇〇七）『レトリック論を学ぶ人のために』〔共著〕（世界思想社、二〇〇七）ほか。

島本太香子《しまもとたかこ》

奈良大学教授。産婦人科専門医。奈良県男女共同参画審議会委員。一九六一年、奈良県大和郡山市生まれ。慶応義塾大学医学部卒業。大阪大学大学院医学研究科博士課程修了（医学博士）。専門は女性医学。

主な著書　『小児在宅医療マニュアル』〔共著〕（メディカ出版、二〇〇六）『乳幼児の虐待予防のための視点』〔共著〕（大阪府健康福祉部、二〇〇五）『歌集しなやかな垂直軸』〔編集〕（書肆アルス、二〇一四）ほか。

市川《いちかわ》　良哉《よしや》

奈良大学名誉教授、学校法人奈良大学理事長。山の辺文化会議会長。日本私立大学協会理事。一九三四年、奈良県天理市生まれ。龍谷大学大学院文学研究科博士課程満期退学。専門は宗教学。二〇〇八年旭日中綬章受章。

主な著書　『親鸞の語録を読む』（一九八四）『愚禿親鸞と沙門道元』（一九九七）『親鸞「正信偈」入門』（一九九七）『山の辺の歴史と文化を探る』〔編著〕（二〇〇〇）『時代を掘る』〔編著〕（二〇〇四）ほか。

〈編者紹介〉

奈良大ブックレット06　**生きることの人間論**

二〇一六年三月三〇日　初版第一刷発行
二〇一九年九月二〇日　初版第二刷発行

編　者　学校法人 奈良大学
著　者　伊藤一彦／丸田　健
島本太香子／市川良哉　〈掲載順〉
発行者　中西健夫
発行所　株式会社　ナカニシヤ出版
〒六〇六-八一六一　京都市左京区一乗寺木ノ本町一五番地
電話　(〇七五)七二三-〇一一一
ファックス　(〇七五)七二三-〇〇九五
振替　〇一〇三〇-〇-一三一二八
URL　http://www.nakanishiya.co.jp/
e-mail　iihon-ippai@nakanishiya.co.jp
印刷・製本　共同精版印刷株式会社
装幀　河野　綾／編集　石崎雄高

ISBN978-4-7795-1033-5 C0310

奈良大ブックレット発刊の辞

市川　良哉

時代が大きく変わっていく。この思いを深める。少子高齢化は社会の在り方や個人の生活を変えていく。情報の技術的な進歩が人とのコミュニケーションの在り方を激変させている。人はどう生きるべきかという規範を見失ったかに見える。地震や津波などの自然災害、殊に原発事故の放射能汚染は生命を脅かしている。こうしたことの中に将来への危惧にも似た不安を覚える。

不安はより根本的な人間の気分を意味するという。こうした気分は人の内面に深く浸透していく。不安にさらされながらも、新しい時代に相応しい人としての生き方こそが求められなければならない。そうしたとき、人は自らの生き方を選択し、決断していかなければならない。孤独な生を実感する。そこでも、われわれはこのような生き方でいいのだろうかと大きな不安を抱く。

不易流行という言葉はもと芭蕉の俳諧用語で、不易は詩的生命の永遠性をいい、流行は詩の時々におけるはやりをいう。ここから、この語はいつの時代にも変わる面と同時に、変わらない面との、二つをもっていることを意味する。

変化する面は措《お》くとして、歴史とは何か。文化とは何か。人間とは何か。人間らしい生き方とは。平和とは何か。人間や世界にかかわるこの問いは不変である。不安な時代の中で、われわれはこの根源的な問いを掲げて、ささやかながらも歴史を、文化を、人間を追求していきたい。そうした営みの中で、人の生き方を考える道筋を求め、社会を照らす光を見出していきたい。

奈良大ブックレットは若い人たちを念頭においた。平易な言葉で記述することを心がけ、本学の知的人的資源を活用して歴史、文化、社会、人間について取り上げる。小さなテーマに見えて実は大きな課題を提起し、参考に供したいと念願する。

二〇一二年一〇月

（奈良大学 理事長）